U0909331

提高家庭教育质量

促进孩子健康成长

张润林等／著

天津出版传媒集团
天津人民出版社

图书在版编目（CIP）数据

科学育儿必备的50个心理效应 / 张润林等著. -- 天津：天津人民出版社，2020.12
ISBN 978-7-201-16634-6

Ⅰ. ①科… Ⅱ. ①张… Ⅲ. ①家庭教育 - 教育心理学 Ⅳ. ① G780

中国版本图书馆CIP数据核字（2020）第221261号

科学育儿必备的50个心理效应

KEXUE YUER BIBEI DE 50GE XINLI XIAOYING

张润林 等 著

出　　版　天津人民出版社
出 版 人　刘　庆
地　　址　天津市和平区西康路35号康岳大厦
邮政编码　300051
邮购电话　（022）23332469
电子信箱　reader@tjrmcbs.com

责任编辑　谢仁林
封面设计　武　艺

制版印刷　天津雅泽印刷有限公司
经　　销　新华书店
开　　本　710毫米 × 1000毫米　1/16
印　　张　16.25
字　　数　249千字
版次印次　2021年2月第1版　2021年2月第1次印刷
定　　价　59.80元

序

父母是孩子的第一任老师，家庭是孩子的第一所学校。随着社会的快速发展，以及近年来国家对家庭教育的重视程度不断提升，越来越多的父母认识到家庭教育对孩子成长的奠基作用，也愿意承担家庭教育的主体责任。心理效应作为一种容易理解且广泛存在的心理现象，对人的心理和行为都有着潜移默化的影响。父母如果能够在育儿过程中充分利用其积极作用，避免消极影响，将有助于增进亲子感情、和谐家庭氛围，减少育儿过程中的盲目性和随意性，做到知其然，也知其所以然，从而提高家庭教育质量，促进孩子健康成长。

本书从家庭教育观念、家庭教育能力、家庭养育方式和温馨家庭建设四个方面构建科学育儿的体系，精选典型的、常见的，且与家庭教育相匹配的50个心理效应进行撰写，每个心理效应明确指向一种观念、一种方法、一种能力。例如，期望效应：给孩子美丽的期许；踢猫效应：警惕不良情绪的破坏；首因效应：每天给孩子好心情；刺猬效应：亲子间的亲密关系准则；等等。

为了帮助广大父母快速理解、消化与运用，每一个心理效应分别从效应介绍、效应启迪、运用建议和育儿行动四个方面循序渐进地阐述，既保证心理效应的科学性和专业性，又突出家庭教育的针对性和实效性。“效应介绍”是介绍心理效应的来源和含义，用经典的心理实验或故事来引发父母思考；“效应启迪”是介绍心理效应的原理及其在家庭教育中的运用，帮助父母理解；“运用建议”是从心理效应的原理出发，提出具体的、可操作的做法，并用家庭教育实践中普遍出现的现象和例子来说明操作程序，为父母学习迁移提供“脚手架”，有利于父母融会贯通、学以致用；“育儿行动”为广大父母的家庭教育实践提供平台和指引，使父母在思考中改进调整、在不断学习中掌握方法、在行动中感悟成长，做到学用结合，知行统一。

本书完成于2020年抗击疫情期间。在写作过程中我发现，因为长期居家，人们原有的生活方式被打破，导致一些家庭出现家庭生活紊乱、亲子关系紧张、不良情绪困扰等应激反应。我把这些家庭教育问题渗透在相应的内容中，特殊时期的特殊案例，更会使家长认识到亲子关系在家庭中的重要地位。

本书是广东省东莞市学校家庭教育指导名师张润林工作室的研究成果，是集体智慧的结晶。书的框架由我设计并撰写一部分内容，其他部分由工作室成员撰写，全书由我逐篇仔细修改、统稿和定稿。其他参与写作的人员有东莞高级中学肖健美、东莞市大岭山中学丁雅、东莞市商业学校黄延海、东莞市中小学教师发展中心郭鲲鹏、东莞市厚街湖景中学何冬平和东莞市大岭山镇向东小学黄碧娥。

心理效应常常出现在我们的生活里，在企业管理、教育管理、人际交往等领域应用广泛。把心理效应应用于家庭教育是我们的新尝试、新探索、新做法，希望给家庭教育研究和实践打开另一扇窗。写作中我们参考了国内外许多相关论著和文献，吸收了许多研究者的研究成果，特别是心理效应本身的引用，未能一一注明原始出处，在此对他们表示衷心感谢！既然是创新的举措，可能还有许多不完善的地方，敬请教育同人和广大父母批评指正。

张润林
东莞市中小学教师发展中心

目录 /CONTENTS

教育观念篇

教育能力篇

养育方式篇

温馨家庭篇

教育观念篇

·1·

从众效应：注重孩子的个性培养

从众效应是指当个体受到来自群体的影响和压力时，为了和大家保持一致，主动改变观点、判断和行为的现象。这也是人们常说的“随大流”。例如，人们进入电梯时，看到电梯里的人都是背对着电梯门站立的，绝大多数的人也会不由自主地选择背对着电梯门站立。即使大家也不知道为什么要这样做，但似乎只有这样才显得自己不那么另类。可以说，这是一种常见的社会心理现象。

美国社会心理学家所罗门·阿希设计实施了一项关于从众效应的实验，他想了解人们是否会受到他人的影响，而改变自己的选择，并做出明显错误的判断。他告诉参与的实验者这个实验是为了研究人们的视觉能力。他提前安排好5个假被试者坐在实验室里，当参与者进来时只能坐在第6个位置，而参与者并不知道这5个人是和阿希“串通”好的。实验开始，阿希拿出两张画，分别画有长短不一的线段，一张画有1条线段，另一张画有3条线段。然后请参与者分别比较长短，并指出其中长度相等的两条。事实上这些线段的长短差异很明显，一般人是很容易做出正确判断的。但5个假被试者都依次坚定地说出了一个错误答案。于是参与者开始迷惑了，他是坚定地相信自己的眼力还是说出一个和其他人一样，但自己心里认为不正确的答案呢？

实验总共进行了18次，虽然不同的人有不同程度的从众倾向，但从总体结果看，只有24%的人一直没有从众，他们按照自己的正确判断来回答。

平均有37%的人判断是从众的，有75%的人至少做了一次从众的判断。而在正常的情况下，人们判断错的可能性还不到1%。

效应启迪

从众效应在生活中非常普遍，是一种常见的社会心理现象。人作为一种群居生物，在有意无意的群体压力影响下，通常会在认知和行为上努力做出与大众趋同一致的改变，以满足自身安全感的需求及维持群体稳定性。

从众效应在家庭教育中随处可见，尤其是第一次做父母的家长。他们缺乏育儿经验，更加渴望通过和优秀家长交往，学习优秀的育儿理念，用他人成功的经验来指导自己，提升自我的育儿能力。借鉴他人优秀教育成果和智慧，避免在育儿道路上走弯路和犯错误，从这个角度讲，从众效应在家庭教育中起到了积极的作用。

然而，从众现象有时也会导致育儿观的盲从。父母一味地追求自己孩子与其他优秀孩子的一致性，人云亦云，缺乏自我判断能力，盲目跟风，忽略了自己孩子的个性培养。例如，在对孩子特长的培养、兴趣班的选择上等，父母更倾向于社会需求广、未来发展好、众人评价高的专业课程，而很少考虑是否适合自己的孩子，尤其是在孩子高中选科和高考填报志愿时体现得更为明显。父母认为某些专业未来发展前景好、就业率高，于是就过度地干涉孩子专业的选择，忽略孩子的兴趣和特长，盲目地替孩子规划人生，从而弱化了孩子的自主性和选择权，打击了孩子的主观能动性，不仅不利于孩子找到适合自己的发展路径，而且也影响了孩子的身心健康，甚至让孩子产生逆反心理，影响和谐的亲子关系。

过度从众的育儿心理，不仅增添了父母的焦虑情绪，也不利于孩子个性的培养。现代社会对于孩子能力的要求更加多元和丰富，而盲目从众让父母在对孩子的能力培养上丧失了主见和个性，不能明智地培养孩子个性

化的能力特长。父母的想法往往随着社会舆论的变化而改变，东一榔头西一棒子，在孩子的培养上充满了极大的随意性和可变性，缺乏整体性和持久性。例如，有些父母听说练钢琴的孩子特别有气质，练钢琴可以培养孩子的毅力和耐心，就赶紧给孩子报了个钢琴班。钢琴还没学多久，社会上又开始流行乐高编程，家长听说乐高编程可以开发孩子智力、培养孩子的创造性思维，又立即给孩子报了个班……不得不说，这样的培养方式毫无整体规划原则，缺乏目标性和原则性。这不仅让孩子筋疲力尽，无所适从，也使教育效果事倍功半，甚至半途而废，让孩子成为父母盲从的试验品或牺牲品。

运用建议

在育儿道路上，从众效应既能给父母带来一些积极引导，但同时也存在很多消极的影响。那么父母应该如何运用从众的积极效应并对其消极效应进行积极转化呢?

1. 明确育儿目标，弱化从众心理

父母在育儿的过程中要树立正确的成才观和价值观。对于孩子的培养要结合实际情况确定符合自家孩子的成长目标。如果育儿是一次航行，那么这一目标就如同灯塔一般，指引着育儿的过程。当孩子只能是个普通人的时候，父母应该接受孩子的平凡，避免陷入从众效应的陷阱，一味地追求优秀。父母到底要培养的是像别人家孩子一样优秀，样样精通的“优秀复制品”还是有个性特点的“独特人才”？这是每一个为人父母者都要深思的问题。别人家优秀的孩子固然令人称赞，但也要相信每一个孩子都有着不同的优势天分。俗语说“一种米养百种人”，每一个孩子都是独特的、不一样的。

大家认为好的教育方式不一定适合自己的孩子，成功的家庭教育并不是完美复制，而要因地制宜，通过各种途径探索适合自己孩子的教育方式。只有确定了核心培养目标，父母才能在纷繁复杂的各种育儿理念和方法中，把持住自己，不随意盲从，陷入误区。

2. 了解孩子的个性特点，进行有针对性的培养

家庭教育原本就是极具个性化的教育，孩子的家庭教育条件千差万别、个性能力存在差异。他们独特的身体条件和心理特点要求父母不能“依葫芦画瓢”地照搬成功的家庭教育经验。父母应该把注意力放在观察、了解、研究自己的孩子和家庭上，避免与他人过度比较，产生焦虑情绪。有些父母容易把焦虑情绪变成斥责批评的语言，如常常说：“人家的孩子怎么那么听话，钢琴学得那么好，你怎么就不行呢？”“你看，那孩子多活泼健谈，多招人喜欢，你咋就那么腼腆呢？”这些语言解决不了问题，只会更加打击孩子改变的信心，完全达不到教育的目的。

每个孩子都是不一样的，父母要明确自己的教育观念，根据孩子自身的特点，充分发挥教育的民主性，尊重孩子自己的愿望，加强与孩子情感、精神的交流和沟通。父母要在深入细致地观察和了解自己孩子兴趣与能力的基础上，找到孩子的个性特点与培养目标之间的切合点，探索适合自己孩子的教育方式，做到不盲从，因材施教、因势利导。例如，孩子如果特别喜欢历史知识，历史成绩也很优秀，但物理学习困难，那么在分科选择时，父母就要充分尊重孩子的兴趣和特长，尽可能地避免受到“选择物理机会多、就业广”的从众心理影响，而过度干涉孩子、强迫孩子选择自己不喜欢、不擅长的学科。

在培养孩子的过程中，父母应做孩子人生的引导者而不是掌舵者。父母要根据孩子自身的个性特点，帮助他找到适合的人生轨迹，而不是受从众效应的影响，给孩子设定一个又一个孩子无法逾越的框框。

育儿行动

从众效应的消极影响会令父母产生育儿焦虑情绪，无所适从。因此父母在育儿中可以尝试以下方法调整心态，保持清醒的头脑、独特的视角和敏锐的眼光，做到科学从众。

父母可以尝试写育儿日记或者定期（如一个月）把孩子的优秀表现拍照，记录孩子成长中的点滴，为孩子建立成长档案，以此发掘孩子的独特之处和闪光点，从而注重孩子的个性培养。例如，当孩子不像大众期待的那样善于交流和口头表达，但却善于画画时，父母也不必因此而焦虑，天天抓着孩子学“语言艺术、口头表达”。因为孩子的表达不仅仅只有语言，还有绘画作品等多种方式。

行动起来吧，给孩子建立成长档案，这不仅能记录孩子的成长过程，增添育儿乐趣，还能帮助父母发现孩子的个性特长。

·2·

马太效应：培养孩子既要扬长也要补短

《新约·马太福音》中记载着这样一个寓言故事：一个国王要出门远行，临行前他交给3个仆人每人1锭银子，并吩咐道："你们去做生意，等我回来时，再来见我。"

一段时间之后，国王回来了。第一个仆人兴高采烈地说："主人，你交给我的1锭银子，我已赚了10锭。"于是，国王夸赞了他："非常好，你能力很强，我将奖励你10座城邑。"第二个仆人急忙报告："主人，你给我的1锭银子，我也赚了5锭。"国王很欣慰："很好，你也懂得做生意，我将奖励你5座城邑。"第三个仆人也前来汇报："主人，你给我的1锭银子，我担心会丢掉，一直包在手帕里，没有拿出来。"

于是，国王命令将第三个仆人的一锭银子赏给第一个仆人，说："凡是少的，就连他所有的，也要夺过来。凡是多的，还要再给他，叫他多多益善。"

美国科学史研究者罗伯特·莫顿将这种现象归纳为马太效应，也就是强者愈强、弱者愈弱的现象。

效应启迪

马太效应是一种社会心理现象，在我们的日常生活中普遍存在。它认为，任何个体、群体或地区，在某一个方面获得成功和进步，就会产生一种积累优势，就会有更多的机会取得更大的成功和进步。在家庭教育中，马太效应的影响也无处不在。父母为孩子倾尽心力，盼着他们成龙成凤，但结果总是千差万别，造成这些差异的一个很重要的因素就是马太效应。从辩证的角度去看，事物都有两面性，马太效应既有积极作用，也有其消极作用。

父母对于孩子擅长的优势能力，会更多地表扬和肯定，使他们获得更强的成就感，久而久之会让孩子更愿意去展示和运用自己的优势，造成优势更优更强、越来越好；但对于孩子表现不足的劣势方面，父母也会给予更多的批评和指责，长期的不被赏识会让孩子产生自怨自艾的自卑情绪，甚至自暴自弃，丧失提升能力的主动性，长此以往，也会让孩子的短板难以弥补提升。马太效应的积极影响会强化孩子的优势能力，促进受鼓励行为的产生；但其消极影响也会让孩子能力强弱两级分层固化，不利于孩子的全面发展。

在多子女的家庭教育中，马太效应的影响也十分普遍。所谓龙生九子，各有不同。即使是同一对父母所生，不同孩子间必然也会存在能力资质上的差异。作为父母，在与孩子相处的言行中也会因为马太效应的影响，而不自觉地出现所谓“偏心眼”的不公正差别对待。父母对于懂事儿听话、成绩优异的“好孩子”总是会表现出过多的喜欢、表扬，逢人便夸，即使只是做了分内之事，父母也觉得表现优异。这些孩子有什么好处都会首先被想到，在家庭资源分配上也处于优先地位，也常常被寄予厚望。而那些所谓调皮捣蛋的“坏孩子”可能会因为一点儿错误就经常被剥夺平等享受家庭资源的权利，他们的努力经常被忽视，得到鼓励和肯定的机会越来越少。即使做了努力，父母也觉得理所应当，不值得鼓励。长此以往，会让孩子失去自信和热情。如果父母们忽略了马太效应的影响，必然会在子女教育中造成只注重“好孩子”，忽视和放弃“坏孩子”的氛围。父母不自觉地忽略“坏孩子”的后发优势，在家庭资源的分配上无法做到一视同仁，形成孩子间的对立和分化。

运用建议

面对现实存在的马太效应，父母应该如何应对呢？

1. 多子女家庭养育中，给予每个孩子平等的关注

多子女家庭的养育，要真正做到一碗水端平，对父母来说绝对是一大挑战。首先，父母要相信每一个孩子都是优秀的，都是有巨大潜能的；其次，要真正地接纳每一个孩子在个性、资质、能力上的差异；最后，还要给予他们平等的关注。父母在养育孩子的过程中要提升自我觉察意识，警惕马太效应给孩子带来的“不公正”待遇。对于那些平时表现平平，甚至有很多不良行为的孩子，父母更需要有足够的耐心和包容心，给予他们更多尝试的机会和鼓励，帮助他们拥有成功的体验。父母需要换个角度看到孩子不良行为的积极面，要做好引导鼓励教育，而不是一味地指责、批评，避免给孩子贴标签，固化不良行为。而对于表现优秀的孩子，父母也要适当地克制对孩子的大肆表扬和吹捧，避免让孩子形成夸大、虚假的自我认识，过分在意他人评价。父母要用发展的眼光看待孩子的成长，对子女一视同仁，避免孩子表现差异越来越大，形成两极分化的教育结果。

2. 善于发现并肯定微小进步，帮助孩子建立自信心

马太效应体现了积累优势给孩子带来的积极影响。任何个人或者群体一旦在某一方面获得成功和进步，开始产生积累优势，就会有更多的机会取得更大的成功和进步，形成滚雪球效应。在子女教育中，父母如果能及时发现孩子弱势能力的微小进步，并给予肯定和鼓励，就会非常有助于孩子自信心的建立。父母的鼓励和肯定会让孩子更愿意付出努力，并得到进步和获得成就感。而进步和成就感也会进一步刺激孩子自信心的强化，从而让孩子的行为进入良性循环，有助于弱势能力的提升。例如，孩子数学成绩一直不好，

平时作业经常拖欠，数学学习也不积极主动，但最近老师反映孩子数学作业虽然做得不是很好，但每次都能上交。此时，父母就要抓住孩子准时交作业的微小进步，肯定他的努力改变，进行鼓励并提供他需要的支持。千万不要觉得准时交作业是孩子的分内之事，没什么可表扬的。

3. 创建良好环境，提升孩子心理素质

现实生活中，马太效应难以避免。不论在学校教育还是社会竞争中，总会有少数人因为这样的效应而更容易获益，同时也会有人受到该效应的消极影响。马太效应的影响力大小和个体心理素质有关，强大的心理素质，可以帮助孩子正确看待自我，摆脱心理怪圈。

父母无法保证每个人都能给孩子积极肯定的评价，但也要教会孩子这个世界不存在绝对的公平。机会总是会偏向那些更优秀的人，从而激励孩子最大限度地积累自己的优势，摆脱“弱者地位”。父母也要教会孩子调整心态，对自己有客观正确的认识，既能正视自己的不足，也能发现自己存在的价值，在个性发展中既要扬长也能补短，引导孩子认识到自己或许不是最优秀的，但却是有价值的，只有内心足够强大，才能不被外界的质疑声所击垮。

育儿行动

马太效应犹如一把双刃剑，它既能激发孩子的优势潜能，让其越来越好；也能打压孩子努力的积极性，让孩子对其劣势的改进望而却步。

父母要注重孩子优势的培养，也要鼓励其弥补短板，多看到孩子的进步和努力，而不仅仅是优势。每天记录孩子微小的进步并给予其积极的肯定和鼓励，一月之后父母就会发现孩子正在发生奇迹般的变化。

时间	微小进步的具体表现
第 1 天	
第 2 天	
……	
第 30 天	

父母要用发展的眼光看待每一个孩子，对子女要尽可能一视同仁，给予平等的关注，挖掘每一个孩子身上不同的闪光点，并加以强化。例如，父母可以对不同子女的闪光点进行整理记录，并不断发现完善。

子女姓名	闪光点（不断更新记录）

·3·

晕轮效应：注重孩子的全面发展

美国著名心理学家爱德华·李·桑代克在20世纪20年代提出了晕轮效应，又叫光环效应。它是指在人际交往中，人们常常会因为个体身上表现出来的某一方面突出特征而掩盖了其他特征，造成人际认知障碍，从而导致人们只根据少量信息做出判断，形成以偏概全、以点概面的评价倾向。例如，如果你认为某个人是优秀的，那么就会觉得他做什么都是好的，这种强烈的感觉就会像日月形成的晕轮一样，向四周弥漫、扩散，从而掩盖了日月本身的特点，很容易使人产生认知偏差。

心理学家曾经对两个班级的学生分别做了一个实验：实验邀请了一名研究生给学生上课。上课前，实验人员对A班级的学生说："这位研究生有着丰硕的研究成果，是一个热情、勤奋、平易近人的人。"而对B班级的学生说："这位研究生比较严肃，有些冷漠，要求严格。"结果在授课结束后，两个班的学生对研究生表现出了截然不同的反应：A班级的学生在课后与研究生亲切交谈、热情提问；而B班级的学生却对他敬而远之、冷淡回避。实验中仅仅是介绍的不同，却影响了当事人的整体形象，使学生戴着"有色眼镜"对待他。这位研究生也深受晕轮效应的影响。

效应启迪

在日常生活中，晕轮效应往往是悄悄地却又强有力地影响着我们对别人的知觉和评价。它会产生一种以偏概全的评价偏差倾向。首先，人们常常只根据自己了解到的点滴、片面信息就主观推断他人，就像盲人摸象一样片面地评价他人。例如，在一次偶然的接触中，你了解到了某个人的优点，并对他产生了好感，那么就很容易认定这个人就是个优秀的人，而对其身上的其他不足往往会视而不见，形成一种受偏见支配的主观臆断。这种判断有利有弊，如果一个孩子因为晕轮效应对老师或父母充满了崇拜，那么晕轮效应就有利于建立老师和父母在孩子心目中的威信。但同样也存在弊端，青少年的盲目追星行为就是一种典型的表现。

其次，晕轮效应也会促使人们习惯把并无内在联系的一些个性或特征联系在一起，认为只要具备了其中一种特征就会有另外一种特征，容易形成“一好百好”或“一差百差”的误解。例如，有些父母觉得自己的孩子学习成绩好，其他方面也不会差到哪里去，就算发现了孩子的某些缺点，也不会放在心上。在教育中，只关注孩子的学习成绩而忽略了对孩子人际交往、生活自理等能力的培养，容易造成孩子“高分低能”，忽视孩子的全面发展。同样，也会出现“一差百差”的误解，如果一个孩子学习成绩一直较差，父母就会认为他学习能力不行，“不是学习的料”，不会考上好的中学、好的大学，甚至涉及其他方面的表现，丧失对孩子发展的信心，觉得孩子不会有好的未来，“一棍子打死”，严重影响孩子身心健康。

最后，在多子女的教育中，父母也会受到晕轮效应的影响，产生对孩子认知上的偏差，在教育中难免出现不公平的现象。例如，两个孩子同样在玩电脑游戏，如果一个孩子平时成绩好，表现也乖巧，那么父母就会觉得玩会儿游戏，放松一下很正常，对其行为的宽容度较高。而如果另外一个孩子平时成绩不好，又经常犯错误，那么父母就会认为他不求上进、玩物丧志，对其行为的接纳度偏低。

所以，晕轮效应在家庭教育中容易产生以下负面影响：父母往往只关

注孩子的优势方面，片面地认为孩子是足够优秀的，从而影响了孩子的全面发展。在多子女家庭中，由于受晕轮效应影响被宠爱的孩子可能会倚仗着父母的信任和喜爱而自以为是，不能客观看待自己；而受父母忽视或嫌弃的孩子，则会感受到更多的误解或不公正待遇，认为无论如何努力也无法改变父母对自己的偏见，这也极大地打击了他们的自信心。

运用建议

晕轮效应会对我们的评价和判断产生影响，在家庭教育中要怎样灵活运用呢？

1. 善于利用晕轮效应，建立教育威信

孩子随着年龄的增长，知识经验越来越丰富，会越来越有自己的主见，往往变得越来越不“听话”，甚至“叛逆”。此时，父母想要在孩子心目中树立威信并不是一件容易的事情。因此父母要在孩子年龄小的时候，及早利用晕轮效应的积极影响，抓住关键的教育时机，树立父母道德高尚、学识渊博、幽默民主的良好教育形象，那么孩子自然会对父母产生崇拜感，教育效果也会大大提高。可以想象，如果父母本身言谈举止比较粗鄙，知识储备较为薄弱，还固执己见，那么在孩子心目中就会留下“你也不过如此”的印象，父母的威信也会大打折扣。即使父母有其他的优点，也会被掩盖忽略掉。亲子关系会越来越差，教育的效果也会明显降低。

2. 加强亲子沟通，促进彼此深入全面了解

亲子关系中的很多矛盾源于沟通的不顺畅，以及彼此了解得不深入。如果父母对子女的了解仅限于平时看到的和听到的表层认知，就很容易受晕轮

效应的影响而产生偏见，从而影响亲子关系。父母对子女的偏见，也常会得到自动的“证实”。例如，你对孩子产生了“没有自觉性，缺乏毅力”的偏见，那么在平时的生活中，当他犯错误的时候你就会更倾向于把它归因为你认为的原因，而不愿去了解真实的情况，不听孩子的解释。所以，父母在平日里要多花心思和时间去全面观察和了解孩子的表现，尤其是要多听听孩子的心声，加强亲子沟通。当父母了解了孩子的真实想法后，对他们的行为表现就会有更多的理解，从而避免晕轮效应带来的片面性。

3. 全面客观评价，注重孩子全面发展

晕轮效应带来的“一好百好”的错觉让很多父母在孩子的培养上出现了误区。他们认为成绩好的孩子别的方面不会差，从而忽略了孩子德智体美劳等方面的发展。例如，“你只要把自己的学习搞好，其他的事情你不要管”。这是许多父母的想法，但是在这样的家教下，许多孩子除了学习，其他能力较差，这并不符合孩子全面发展的教育理念。父母既要看到孩子学习中表现出的优势，给予肯定和鼓励，同时也要引导孩子在学习之余提升其他生活技能，如人际沟通能力、生活自理能力、良好生活习惯，等等。让孩子尽早地认识到想要适应未来的社会生活，还需要具备其他更多的非智力能力。在孩子课外兴趣班的选择上也要多元化，除了学科的培优补差，还要注重社会技能的培养。对于成绩相对薄弱的孩子，父母要善于发现孩子其他优良的道德品质和良好习惯，积极给予肯定，提升孩子成长的自信心。只有全面了解孩子，父母才能做到客观评价，有的放矢地教育孩子，促进孩子的全面发展。

育儿行动

避免晕轮效应的消积影响，父母在教育孩子时可以尝试以下方法，收集

某一件事情的多元化评价，减少偏见和误解。

孩子对______的自我描述	爸爸对______的描述	妈妈对______的描述	其他人的描述
例如学习不自觉 孩子：放学后我不想马上做作业，上了一天课，想休息一下，吃完饭后再做作业，哪里不自觉了	爸爸：反正他能把作业做完，还可以啊	妈妈：每天放学回家不自觉做作业，要再三催促才去做。什么时候能自觉啊	老师：布置的任务他都能按时完成
……	……	……	……

· 4 ·

暗示效应：培养阳光自信的孩子

暗示效应又叫作翁格玛丽效应。有这样一个故事：有一个名叫翁格玛丽的女孩儿，她本来长得不是很漂亮，但是，她的家人和朋友不断地给她鼓励，每个人见她都说："你真美啊！"长此以往，女孩儿受到了鼓励，自信满满，每次照镜子的时候都觉得自己特别漂亮，越看越喜欢。渐渐地，女孩儿也就真的越长越漂亮了。人们把这种现象叫作暗示效应，它是指在没有刻意对抗的情况下，人或者环境用含蓄、抽象诱导的信息或方式对个体的心理和行为产生影响，而个体接受了这种信息，从而做出与这种暗示信息相应的行为反应的一种心理现象。暗示效应也成了教育心理学上一个重要的名词，它强调鼓励、赞美给人们的心理暗示作用。

效应启迪

暗示效应是指人们按照一定的方式去行动或接受一定的意见，使其思想、行为与暗示者期望的目标相符合。简单地讲就是，人们利用间接的潜在的方式对个体的行为和意志产生影响。暗示效应在生活中非常普遍，例如，遇到困难时有人对你说"相信你能做到的"，就会产生无形的力量帮助你克服困难；心情不好时走出家门沐浴在温暖的阳光和鸟语花香中，马上就会精

神百倍；出门时提醒自己不要忘记带钥匙；考试前提示自己“结果不重要，努力了就行”用以减轻考试焦虑，等等。

不同的人群受暗示程度会有所不同。一般而言，年纪越小的孩子自我意识越薄弱，所以他们的行为和想法更容易受到周围人的影响，也就更容易接受别人的暗示。例如，有些孩子奔跑玩耍摔倒了，本来是很常见的磕碰，但因为父母过于紧张的表情和非常关切担忧的询问“有没有受伤、痛不痛”之类的语言，会对孩子产生一种消极暗示：摔倒是一件非常可怕、不好的事情，从而增加了孩子内心的恐惧，使孩子哭闹不止。

生活中产生暗示的方式有很多，一般通过言语、动作、表情和环境来实现。例如，积极的语言暗示可以产生积极情绪，一些鼓励的话语可以振奋士气。父母给孩子的一个拥抱，传递着包容、支持的积极暗示；一个严厉的眼神又会给孩子威慑感。而当我们和别人交谈时，别人面带微笑地注视着我们，我们会觉得很有亲切感，这就是表情的暗示。当我们来到图书馆时，周围肃静的环境、浓厚的学习氛围会对身处其中的人产生积极的暗示作用，这就是环境暗示。

根据产生的效果，暗示可以分为积极暗示和消极暗示；根据来源，暗示可以分为自我暗示和他人暗示。例如，很多父母经常会用一些负面的词语来批评斥责孩子，如“懒散”“害羞”“不懂事”“挑食”等，久而久之，孩子会受这些词语的消极暗示，慢慢习惯这些标签，习以为常，认为自己本来就是这个样子，从而对自己形成了消极的、负面的认知，遇到事情时心里有个声音会提醒自己“我本来就这样”，进而形成消极的自我暗示，改变的动力也会慢慢消失。这就是典型的他人消极暗示最终转变为自我消极暗示。

生活中的每个人都曾使用过暗示或接受过别人的暗示，甚至常常自我暗示。例如，“我一定行”“我能做到”“我不能这样”，或者“我做不好的”“我都没有做过”等。不同暗示语言和行为的选择会产生截然不同的效果。家庭教育中，父母可以利用暗示效应，于无形中影响教育孩子。但要注意它也是一把“双刃剑”，积极的暗示会给人以鼓舞和支持，能激发人的潜能，培养人积极的心态。例如，肯定、赞许、热情的态度会给孩子有力的支持，使他们感到温暖，获得战胜困难的力量；反之，冷淡、泄气、退缩、萎靡不振等消极态度，则会使孩子受到消极暗示的影响，缺乏面对问题的勇气，承受暗示带来的痛苦与压力。

父母是孩子的第一任老师，尤其是在孩子年少时，父母和孩子相处时间最长、对孩子的影响也最为深远。因此父母在教育中的言谈举止、行为方式、处事态度、价值取向等都会在无形中通过暗示效应传递给孩子。其中的积极暗示会对孩子成长大有裨益，而消极的暗示也会阻碍孩子的发展。因此有效地利用心理暗示在家庭教育中的积极作用，会让父母对孩子的教育事半功倍。

运用建议

父母如何在家庭教育中充分利用暗示的积极效应，培养阳光自信的孩子呢？

1. 积极的语言传递相信的力量

对于父母而言，在教育的道路上难免会有迷茫和疑惑的时候，尤其是面对行为表现不尽如人意的孩子时，也会怀疑自己是否能教育培养好他。此时父母可以运用积极的自我暗示使自己不那么焦虑和恐慌，冷静下来思考解决方法。例如，父母可以进行自我暗示：“孩子的成长是曲折变化的过程，哪有孩子不犯错误呢？慢慢教育就好啦！”这样一来，心里会从容淡定很多，也会增强教育的信心。或者可以这样自我暗示：“没有一个孩子不想好，未来他肯定会越来越好。”这样不仅增强了教育孩子的自信，也给了孩子成长信任的力量。

对于孩子而言，父母想要教会他一些道理，不一定要直白地告诉他，而是可以利用一些典故、人物传记、新闻故事等启发、点拨孩子，通过言语的暗示，传递成长的道理。例如，想要告诉孩子尊老爱幼的礼仪，父母可以经

常给孩子讲这方面的故事。但注意故事讲完之后不要急于问孩子“你领悟了什么道理”，这样会让孩子有一种“被教育”的感觉，而是要循序渐进，利用暗示效应让他自己慢慢领悟。

当然，在孩子成长过程中有进步或表现出父母期待的良好行为时，如果父母能从言语上给予一些鼓励和肯定，如“看到你的努力，妈妈很欣慰”“你真的长大啦”之类的话语，能给孩子积极的暗示，提升孩子的自信心，强化孩子的良好行为。

2. 榜样行为塑造阳光的个性

俗话说“身教大于言传”，父母自身的行为习惯无时无刻不在影响着孩子。例如，面对越来越繁重的工作任务，父母在家里是怨声四起、消极对待，还是积极对待、迎难而上，对孩子如何对待自己的学习和生活都会产生很大的影响，甚至影响孩子良好个性的形成。因此，父母在运用暗示效应时，行为暗示是一种很好的方式。父母可以通过自身的行为把教育意图、愿望表露出来，让孩子体会、模仿。

一方面，父母本身做出优秀的榜样行为，对孩子的成长有着明显的导向作用。通过这些行为暗示孩子正确的行为规范和道德要求。例如，勤劳爱干净的父母把家里收拾得整洁干净，这对孩子而言就是一种暗示。父母谈吐优雅、说话文明的行为也会暗示孩子要注意自己的言行，不说脏话；另一方面，父母在孩子遇到困难和失落的时候，给予孩子一个拥抱、关切的眼神等行为，能让孩子感受到支持的力量。这些爱的积极暗示，能给予孩子战胜困难的勇气和信心。

3. 优质家庭环境培育良好的习惯

孩子的成长离不开环境，环境育人尤为重要。孩子生活的家庭环境对其成长也有着微妙的暗示作用。温馨和谐的家庭环境能给孩子一种稳定、安宁的心理暗示，更有助于孩子安全感的形成。例如，想培养孩子的阅读习惯，可以在家中营造浓厚的阅读氛围，如布置书架、购买书籍，让家里的书籍随手可及。有了这样的环境暗示，不需要父母天天强调阅读的重要性，孩子也能感受到父母对阅读的重视。如果父母还能在行为上做好阅读榜样的行为暗示，那么对于孩子阅读习惯的养成将会事半功倍。

育儿行动

父母在育儿过程中要善于运用暗示效应的积极面，培养阳光自信的孩子。

父母根据自己的育儿现状和困惑，记录下一些能给自己积极暗示的语言，有助于调节自身情绪，缓减焦虑，如“每个孩子都会有缺点，及早发现是好事儿”“相信我的孩子有自己成长的规律，他也有闪光点”等。

父母在孩子取得成就和表现良好时，及时给予言语和行为的积极暗示。例如，爱的拥抱、肯定的眼神或对其努力的肯定等，传递对孩子的信任和鼓励。在孩子遇到挫折时给予拥抱或言语暗示，如父母讲述自己失败之后通过努力调整又成功的经历，以表达对孩子的信任和支持。

·5·

沉锚效应：培养独立自主的孩子

沉锚效应又叫锚定效应，是指人们在对事物或他人做出定量估计判断和决策时，容易受到曾经接受的第一信息或过往生活经验的影响。人们会将某些特定数值作为起始值，这些起始值就像“锚”一样设定在内心，思维会不自觉地固定在某处，在做决策时会不自觉地给予这些最初获得的信息过多的重视，制约着最终的估测值，进而影响最终的评判和选择。

为了进一步研究沉锚效应的影响，阿摩司·特沃斯基与丹尼尔·卡内曼设计了一个实验。他们选择了两组被试者，第一组被试者被要求在5秒钟之内说出“1×2×3×4×5×6×7×8”的答案，而第二组被试者则要求在5秒钟内说出“8×7×6×5×4×3×2×1”的答案。很显然，不论是哪一组都没办法在这么短的时间里给出正确答案，只能回答一个估计值。第一组给出答案的平均值是512，而第二组的平均值是2250。那么正确答案是多少呢？哪一组又比较接近呢？

正确答案是40320，虽然两组的平均答案都相差甚远，但是第二组比第一组更接近正确答案。这是为什么呢？研究人员认为：第一组在做出估计时他们参考的锚点较低，为1，而第二组的参考锚点为8，相对较高，自然估值也会偏高。这也就验证了第一信息，也就是人们心中的“锚”确实在做预估，影响了判断。

效应启迪

沉锚效应作为一种心理现象普遍存在于生活的方方面面。人们在判断中由于过度看重“锚”，并将它作为判断的依据，从而受思维锚定的影响陷入第一印象和先入为主的误区。在生活中，我们总会不自觉地接收大量的信息，这些信息帮助我们构建起某种思维模式。一方面这些信息为我们的思考提供了参考和线索，有助于我们了解世界、快速做出判断；另一方面这些信息也会在某些时刻成为我们思维的“沉锚”，从而锚定了我们的想法，造成先入为主的认知差异。

在孩子的成长过程中，父母的养育过程也会给孩子带来很多的信息。这些信息能帮助孩子建立起他的世界观和价值观，有助于他形成自己对世界和事物的看法。而各种规范和标准也会影响他的行为，在他需要做出选择和决策时，这些先前获得的信息也会作为参考锚点，影响他做出判断和决策。也就是说他会更多地受到父母给予的信息的影响，做出的判断不一定是独立思考的结果，更多的是依靠各种外在标签和评论决定的。他的想法被一种思想所引导后，就很有可能会顺着这个思想继续思考，也很难会有其他的思想萌生出来，换句话说，就是不会再有创新意识了，他只会被这种思想禁锢着并习以为常，从而缺乏完全独立思考的能力。例如，有些父母教导孩子做事要守规矩，按照要求一步一步来。从小孩子接受的教育就是按规程来，做事不逾矩，但父母却没有告诉他为什么，或者在某些特殊的情境下可以灵活处理。那么这些孩子在遇到事情时，处理方式往往会比较死板，不懂得灵活变通，孩子看似乖巧，但却丧失了独立思考和灵活应对的能力。这样的养育显然陷入了沉锚效应的消极影响中。

沉锚效应虽然让孩子在成长过程中难免受到父母设置沉锚的影响，从而丧失独立思考判断的能力，但也让我们看到第一信息的重要性。既然沉锚具有导向性作用，那么父母在需要孩子做出某种选择和决定时，可以有意识地根据教育想要达到的目的巧妙地为孩子设置一个锚点，让孩子的行为朝着我们期待的方向发展。

《论语》中有这样一句话："取乎其上，得乎其中；取乎其中，得乎其下；取乎其下，则无所得矣。"意思是说我们实际获得的成就会比较接近预期目标，预期目标越高，实际成就也会越高。要获得一些成就时，就需要设定比预期稍微高一些的目标。例如，当父母对孩子的期望是能考上重点高中时，孩子对自我的期望也会相对较高，更相信自己可以做到，行为上也会更加努力；而当父母觉得孩子只能上一般高中或者职业学校时，孩子也会根据父母的锚点，对自己有较低的期望，学习动力也难以激发出来，认为自己也就这个水平了。

运用建议

沉锚效应是人的心理反应，要想彻底克服它并不是一件简单的事情。在育儿的过程中，既要避免或减少沉锚效应带来的消极影响，也要学会巧妙设置沉锚，艺术性地利用该效应的积极影响引导孩子。

1. 培养孩子的质疑精神，成长不设限

孩子的天性是天马行空，总会有各种奇思妙想，父母要善于保护孩子的想象力和创造力。尤其是年龄较小的孩子，总是喜欢去探究，总是喜欢问"为什么"。如果父母能充分解决孩子这些"为什么"，那么孩子从小就会养成一种可贵的质疑精神，而不仅仅是"唯命是从"。在孩子的成长过程中，父母除了考虑安全因素之外，应该多鼓励孩子去探索，减少设限。在遇到问题时，父母多问问孩子"你的想法是什么"，让孩子从小养成独立思考的习惯。那么，当孩子遇到挑战时，就不会一味地依赖别人，而是在征求别人意见时，已有自己的思考和打算，在需要选择时也会有更多的独立思考，不容易受别人设置锚点的影响。这样的孩子不仅独立自主能力强，而且也有很强的自我保护意识。

2. 帮助孩子拓宽视野，避免先入为主

沉锚效应引发的“先入为主”会令孩子用较为刻板的印象对待身边的人和事物，甚至固执己见。而引起这种效应的原因之一就是接收的信息量太少，视野不够开阔。因此，在养育孩子的过程中，父母需要尽量拓宽自己和孩子的视野，不断学习与实践，集思广益，多多听取别人的建议与方法。遇到问题时，通过大量收集信息，学会全面地多角度地分析问题，尤其是逆向思考，看看有没有其他的选择，最终做出理性的判断，降低沉锚效应的影响。父母也可以就一些问题的不同观点，和孩子进行辩论，拓宽孩子思维的广度。

3. 巧置第一信息，给孩子有限的选择

沉锚效应中第一信息对人们的选择有着重要的影响。因此在育儿过程中，父母应巧妙设置锚点来引导孩子做出有利于成长的选择。例如，当父母想要让孩子上交手机去睡觉时，如果直接命令，或是强行要求立刻上交：“赶紧收起手机，睡觉了！快点儿！快点儿！”孩子会有一种被催促和控制的感觉，内心会激起反抗情绪，最后只能进行拉锯战，父母甚至利用权威强行执行。但如果父母善于利用沉锚效应，在与孩子沟通时就会这样说：“睡觉时间快到了，你是打算再玩儿 5 分钟还是 10 分钟后上交手机呢？”此时，父母巧妙地设计了锚点，让孩子选择了一个他比较能接受，父母也能接受的选项。孩子从“必须执行”的锚点到“可以选择”的锚点改变，减少了内心的抗拒情绪，有助于顺畅的亲子沟通的形成，也有助于孩子自主选择，并为自己的选择负责。

育儿行动

避免沉锚效应，培养独立自主的孩子，父母可以尝试这样做：

父母在给孩子提要求时巧妙设置锚点，避免封闭式问句，可以尝试用有限选择的提问。例如，可以试着把“你吃不吃鸡蛋？”的问话变成“你是吃一个鸡蛋还是两个鸡蛋？”孩子的答案会从“不吃”转变为“吃一个”或“吃两个”。

在孩子遇到问题需要做出决策时，可以召开家庭会议，让孩子多听听不同人的意见，增加信息量，做出更理性的决策。

· 6 ·

期望效应：给孩子美丽的期许

期望效应又叫皮格马利翁效应或罗森塔尔效应。在古希腊神话中，有一个国王叫作皮格马利翁，他非常热衷于雕塑。有一次，他精心雕刻了一尊少女像，非常精美，且爱不释手。他越看越喜欢，每天蹲在雕像前，深情地凝望着她。将所有的热情、爱恋都投注在这尊少女像上。久而久之，他的执着和期盼打动了爱神，于是爱神赐予了雕像生命，雕像变成了活生生的少女。人们把这种现象叫作皮格马利翁效应。

美国心理学家罗森塔尔曾设计了一个关于“教师期望与学生发展”的实验来验证皮格马利翁效应的影响。他在一所小学里选择了若干个班的学生，对他们进行了一次统一的“测验”。然后，在这些学生里“挑选”出一部分有“优秀发展潜质”的孩子作为实验组，并用赞美的语气告诉任课老师“这部分学生拥有着非凡的潜力，大家要好好培养”；而另外一部分学生作为对照组，实验人员告诉老师他们资质平平。接着所有的孩子继续回到各自的班学习一样的知识，若干个月之后，实验人员又回到学校进行复测。结果发现实验组的学生成绩比对照组有更显著的进步，他们与教师关系也特别融洽，而且在情感表达、求知欲、勇气、性格开朗等方面都有很好的改善。

实验人员对这一结果进行原因分析发现，虽然他们接受了一样的教育，但老师由于受到了实验人员的描述影响，对实验组的学生给予了更高的期望和赏识，也坚信他们有着“优秀的发展潜质”，在日常教学中就给予了更多的关注。而对于对照组则缺少了这样一份期望。但事实上这两组学生的发展

潜质并没有实质性的区别，之前的测试结果也只是实验人员随机挑选的。后来，人们把由于期望的不同所导致的个体发展的差异叫作罗森塔尔效应，也叫期望效应。

效应启迪

期望效应在教育领域的体现非常普遍。教师期望对学生发展的影响也引起了教育研究者的广泛关注。在学校里，由于教师期望的不同，而影响学生潜力发掘的现象也很常见。那么家庭作为孩子成长的第一课堂，父母的期望效应会对孩子成长产生怎样的影响呢?

合理使用期望效应会对孩子的成长产生积极影响。孩子的自我认识在不断地完善，他们对自己的认识很大部分来自父母的评价。而父母的期望有助于帮助孩子不断调整自我认识。生活中，父母如果能够结合孩子的实际表现和真实水平给出积极的评价和适当的期望，让孩子感受到这些，他们会相信自己可以做得更好。适当的期望还能强化孩子建立自我激励的机制，充分调动孩子内在的积极性以及潜力以促进其发展，在实际行动中增强孩子的自信心，不断地激发出孩子强大的自尊、自律能力。这些期望能激发孩子的发展潜能，增强孩子努力朝着期望方向发展的动力，使期望成为现实。因此，父母应充分发挥期望效应在家庭教育中的积极作用，对孩子给予适当的期望，帮助他们形成完善的自我意识，促进其潜能的发挥。

但凡事过犹不及。有时候，期望效应也会产生消极影响。如果父母对孩子的期望过高，严重脱离现实，远远超出孩子的实际潜力，他们在无法达到期望值时，会怀疑自己的能力和努力，简单地认为自己没有天赋，从而丧失信心。这样的期望并不能给孩子努力的动力，只会让孩子因为达不到期望值而产生较重的心理压力，即使对简单的任务也会望而却步。因此，较高的期望不仅不利于孩子潜能的发挥，更可能对孩子造成更多的心理伤害，触发他们对自己的消极评价，促使他们形成较低的自我效能感。反之，如果父母对孩子的期望过低，经常表现出对孩子的消极评价甚至否定和嫌弃等，也会严重伤害孩子的自尊心和自信心。久而久之，孩子会变得精神不振、自卑、行为孤僻等，有些孩子则会表现出逆反心理。过低的期望也会埋没孩子原本优秀的潜能，不利于孩子成长。

运用建议

在育儿道路上，父母对孩子不同程度的期望都会对孩子产生影响。期望效应既能给父母带来一些积极引导，但过高或过低的期望又会抑制孩子发展的积极性。因此，要想让孩子充分发挥潜能，父母就必须深入了解孩子，给予孩子合适的期望。

1. 深入了解，运用全面发展的眼光看待孩子

孩子的成长是一个漫长而可变的过程。孩子成长的过程中充满了各种变数，父母对孩子的评价不应该局限于眼前所看见的信息，而要用发展的眼光更加全面地了解和评价孩子。例如，一个读一年级的孩子，成绩并不是很优秀，在班级里也表现得没有那么突出，但这并不代表这个孩子会一直如此。或许只是因为他没有掌握学习方法，没有养成良好的学习习惯，又或者是缺少早期阅读，知识储备量不够而导致成绩暂时落后。父母如果能用发展的眼光看待孩子，那么就会把更多的关注点放在孩子的微小进步上，给予积极的肯定，而不会因为孩子暂时的落后否定孩子。父母应给予孩子美好的期望，相信他能越来越好，不断地给孩子传递“你可以做到”的信念。父母如果能根据孩子的实际学习水平，提出一些孩子可以达到的学习小目标，并且能帮助他实现，那么就会极大地激发孩子努力的动力，让期望成真，提升孩子的自信心。

2. 量身定制，给予孩子合理适当的期望

合适的期望才能发挥期望效应的积极意义。因此父母在运用期望效应时，如何制订一个合适的期望尤其重要。过高的期望会令孩子丧失信心，不敢挑战；而过低的期望又会让孩子感觉被歧视，产生自暴自弃的情绪。俗话说："龙生九子，各有不同。"对每一个孩子的期望也应该是不同的，不能一概而论。父母要通过对孩子实际能力水平和日常表现的了解，调整对孩子的期望，量身定制适合不同孩子的目标。

有时候父母的期望虽然美好，但如果不能得到孩子的认可，那么效果也会大打折扣。例如，孩子在绘画方面很有特长，也期望自己能经过专业学习成为一名画家，这是孩子的梦想，也是孩子的自我期望。但如果父母并没有了解到这一点，而只是一厢情愿地期望孩子学好文化知识，考取医学院，成为一名医生，那么父母这样的期望不仅不会激发孩子的潜能，还会引发亲子矛盾。因此，父母要充分了解孩子的兴趣爱好和特长，加强亲子沟通，发现和激发孩子的梦想，然后不断根据孩子的实际发展情况，帮助孩子调整梦想目标，也调整自己对孩子的期望，尽可能与孩子的自我期望一致。

3. 巧妙表达，善于给孩子传递美好期许

合适的期望虽然重要，但如何表达给孩子，并使孩子接纳更加关键。有些父母不善于表达，一般用提要求的方式表达期望。例如，"我希望你……""你要……"这样的方式会让孩子有一种接受任务和命令的感觉，孩子在行动中主动性会大打折扣。而如果父母用鼓励和表扬的方式来表达，不断地肯定孩子的进步，在他获得成就的时候给予言语或非言语的鼓励和肯定，会让孩子更有动力继续努力。不妨试一试这样的语言："看到你……我很为你自豪！""我相信你可以……"或许会让父母的期望于无形中影响孩子，最终梦想成真。

育儿行动

育儿过程中，善于运用期望效应会令家庭教育的效果事半功倍，也将极大地激发孩子的发展潜能。父母不妨尝试这样运用期望效应：

第一，在孩子获得某些小成就的时候，和孩子探讨一下这些小成就给他带来了怎样的收获，他对此有怎样的期望。

第二，父母积极表达对孩子的肯定，尤其是孩子在获得成就过程中的努力表现和尝试，如“看到你取得这样的成绩，相信你一定付出了……”“相信你可以……”。

·7·

齐加尼克效应：养育孩子张弛有度

法国心理学家齐加尼克曾设计了一个实验：安排两组人员参与实验，给他们布置了同样难度的任务。刚开始领到任务时，对他们进行压力测试。结果发现，两组人员都表现出了紧张和压力感。在任务完成的过程中，实验人员让一组人员顺利完成任务，对另一组则设置各种障碍阻止他们顺利完成。在一定时间后，分别对两组人员进行压力测试。结果发现：顺利完成任务的小组人员压力明显降低，紧张感也随之消失；而没有完成任务的小组人员依旧存在紧张焦虑情绪，甚至影响了后续其他任务的完成。这种由于未能完成任务导致心理上长时间处于紧张状态的现象被称为齐加尼克效应。

效应启迪

在日常生活中，我们每天都经历着不同的事情，也会面临来自各方面的压力，这本是很正常的现象。随着任务的完成，我们的压力也会随之减小。但由于有一些未完成的事件，我们心中总是惦念着它，甚至出现担忧、焦虑等情绪，这就出现了齐加尼克效应。

在家庭教育中，这一效应也很常见。尤其是在孩子学业方面，学习任务过于饱和或者孩子效率低下、能力不足导致无法按时完成任务，从而引发齐加尼克效应。有些父母在孩子没完成作业时常常会说："这孩子对学习一点儿都不上心，作业没写完，还在那儿玩儿，就是想偷懒。"这或许是父母对孩子最大的误解。其实，没有完成学习任务的孩子看起来满不在乎，但是内心一定是充满焦虑和担忧的。父母要看到齐加尼克效应的影响，才能更深层地了解孩子没有完成作业的真正原因，而不是统一归因为"不上心""偷懒"。

齐加尼克效应也会带来一些积极影响。当事情未完成时，所带来的压力，如果强度适当，是具有良性作用的。它会让我们振作、奋发，给予我们动力，督促我们尽快完成，避免拖延。俗话说："没有压力就没有动力。"但如果压力持续存在，我们感受到无力控制时，齐加尼克效应则会产生消极影响，使我们感到疲劳、厌倦、讨厌，甚至放弃任务。人如果继续长时间处在高压状态下，有可能引发身心疾病。

父母总是期待自己的孩子学业优异、才学渊博，唯恐落后于他人，因而会增加孩子课外辅导和兴趣培训班的内容。孩子常常处在需要完成多项学习任务的压力下，过度、过量的学习任务会导致孩子无法全部完成，并在生活中总想着没有完成的任务，以至于无法专注，学习效率降低。孩子玩儿的时候想着学习、学习的时候想着更多的任务。齐加尼克效应让他学不好也玩儿不好。孩子受到消极情绪干扰，感到强大的压力感和紧张感，从而逃避、拖延，失去学习动力。长此以往，过度紧绷的皮筋早晚会崩断。

在育儿过程中，父母要注意张弛有度，尤其是在孩子学业任务的安排上，要结合孩子的实际能力，不可过量、过度，以免孩子受到齐加尼克效应的消极影响。

运用建议

父母在育儿的过程中要充分利用齐加尼克效应带来的积极影响，既让孩子保持一定的学业压力，振奋斗志、积极行动，又要留意齐加尼克效应带来

的消极影响，避免任务过多，造成孩子过大的心理压力，尽可能做到张弛有度、压力适当。

1. 留点儿“未完待续”，激发孩子的学习兴趣

人们总是对那些未完待续的故事充满着期待和想象，总有一探究竟的冲动。正如说书，往往在最精彩处制造“未完待续”的期待——“欲知后事如何，请听下回分解”，让听书者欲罢不能，想继续听下去。父母在引导孩子学习某些知识的时候，也可以尝试留一些适当的悬念，让孩子有一种对“未完待续”的期待。这些“未完待续”会引发齐加尼克效应。父母运用齐加尼克效应的积极影响，能激发孩子强烈的期待心理和探究兴趣。例如，父母在给孩子讲故事的时候，可以绘声绘色地讲述前半段，到了快结尾的时候，留一点儿悬念，孩子会产生想要尽快了解结尾的期待，从而促使孩子主动要求继续听完。再如，孩子正在兴致勃勃地玩网络游戏，一局还没有打完，如果此时父母干扰他，他不仅不听，还会与父母发生冲突。这是齐加尼克效应所导致的情绪反应，并不是孩子真正想顶撞父母。而且，如果孩子还没有打完一局就被中断，这种“未完待续”状态会让孩子产生更想玩儿的冲动，兴趣更浓。很明显，父母这样做是不明智的，不能运用齐加尼克效应的积极影响“训练”孩子玩游戏。相反，如果孩子打完了一局游戏，任务完成，紧张消失，心情放松，这时父母阻止孩子继续玩游戏会收到事半功倍的效果。

2. 任务安排要适量，张弛有度有节制

不论是大人还是小孩儿，在接受任务时，或多或少都会产生一些压力。这些压力原本是正常的，而且有压力才有动力，还能有效地促进任务完成。但过于繁重的任务，一旦无法完成，就会使人产生巨大的心理压力。因此，父母在孩子的学业任务安排上，一定要考虑孩子的实际能力和完成效率。例如，一到寒暑假，父母就会给孩子安排各种课外辅导班，但一个接一个的课

外辅导真的起到应有的作用了吗？还是只会让孩子产生应接不暇的倦怠感？因此，建议父母在给孩子报班之前，可以和孩子一起讨论分析一下有哪些是孩子既感兴趣又有必要的课程。而对于其他过量的课程可以适当地放弃，以确保学习的效率。

拖延也会引发齐加尼克效应。孩子如果有自己的学习计划，但经常不能按照每日计划顺利完成，导致拖延。这种“未完待续”会令孩子内心的压力持续存在，长期这样孩子会形成焦虑的心境状态，影响心理健康。父母要教会孩子科学地制订计划，通过实践并结合自己的实际能力，制订切实可行的每日计划。做不到不要写下来，做到才写下来。今日事今日毕，每天的计划完成，孩子会有小小的成就感，会产生“松一口气”的愉悦感，以减缓学习压力。

3. 调节放松有良方，缓解压力促健康

当生活和学业的压力给我们带来紧张情绪时，父母和孩子首先要认识到这是正常的，任何一个人接到任务都会紧张，不紧张说明不积极对待、不想高质量地完成任务。既然紧张是常态，那就要以平常心来接纳，不能因为紧张而手足无措，这样反而会更紧张，压力会更大。其次，要学会适当地放松和进行自我调节。压力源于期待和现实的差距，如果感觉到压力巨大，父母不妨和孩子一起探讨一下自己的期待是否过高，以自己的能力是否难以达到。可以适当地调整期待，缓解压力。父母也可以引导孩子尝试向他人倾诉自己的压力，或者让孩子找一些自己平时喜欢的休闲娱乐活动，让自己沉浸其中，舒缓压力。

当然，齐加尼克效应带来的压力源自任务的未完成。所以，父母也可以和孩子一起来探讨未完成的原因，或许是自己做事的方法不够科学高效，又或者是不够专注导致效率低下……然后一起寻找提高做事效率的方法，以缓解压力。

育儿行动

父母可以尝试与孩子一起制订每日计划清单，避免齐加尼克效应带来的消极影响。计划清单中可以列出每天要完成的事情，然后根据自己认为的重要程度进行排序，并开始执行，通过几天的实践，最终确定自己每日实际可以完成的任务，调整计划清单，做到今日事今日毕。

· 8 ·

猕猴效应：养育孩子要因材施教

心理学家找了5只猕猴做实验，教这些猕猴一起学做统一的动作。其中有3只很快就学会了，但其余两只却没有学会。研究者提出疑问：难道这两只猕猴相对愚笨一些吗？一样的方法教为什么就学不会呢？为了找到原因，研究者打算更换一种方式来教这两只猕猴学动作。结果却出乎意料，这两只猕猴也很快学会了动作。经过多次重复实验，研究者得出这样的结论：所有猕猴的聪明程度是没有太大差异的，而要想教会他们学习动作，关键是看能否找到适合不同猕猴特点的教授方法。只要找到合适的方法，多数的猕猴都能很快学会动作。后来这个实验研究被运用于教育学领域，也被称作猕猴效应。

效应启迪

猕猴效应证实了这些猴子在智力上差异并不大，但却因为教授方式的不同，而导致学习效果的差异。人的智力水平也存在正态分布，除去5%的智力超常人群和5%的智力低下人群，剩余90%的人群智力水平差异不大。在现实生活中，我们会说有些孩子聪明，有些孩子不聪明，其实更多的是指“非智力因素”的体现。心理学家霍华德·加德纳提出“多元智力理论”，认为每个人不仅仅拥有单一的某种智力，而是拥有多项智力组合。在任务学习中，每个人会根据自己擅长的方式来激发各自的大脑资源，这种为达到目的所发挥的各种智能才是真正的智力，造就了人与人之间的差异。例如，有些孩子语言智力较为发达，那么在任务学习中会更喜欢或更擅长用言语学习的方式；而有些孩子身体运动智能较发达，那么如果通过肢体运动的学习方式来学习会更有效。在现实中，每个孩子都有自己的优势和弱势能力。

在影响孩子学习效果的因素中，施教者的教育方式也很重要。同样是教一个孩子背古诗，有些方法会让他学得很快，但有些方法他怎么都学不会。例如，妈妈在家里让孩子不停地念，一遍一遍又一遍，孩子感觉很枯燥，只是读了却不走心。但到了学校，老师让大家用情境表演的方式演出来，不仅有趣而且印象深刻，孩子对于这首诗的记忆就会很牢固。因此，并不能一味地指责孩子笨，而是要反思一下自己的教育方式是否适合孩子。这也启示我们，孩子的成长需要因材施教，选择合适的教育方式比一味地努力更重要。

家庭教育更要体现因材施教的教育原则。有些父母很喜欢拿别人家的孩子和自己的孩子对比，只看到了结果的差异，却忘了寻找自己教育方法的差异。在孩子拿回考试成绩的时候，我们经常会听到这样一句话：“都是一个老师教，怎么隔壁小明考了100分，你就考这么一点儿呢？难道你比别人笨吗？”这样的教育方式是典型的忽略个体学习方式的差异，只归因为智力因素的简单教育方式。

父母不要过早给孩子下定论、贴标签。有些父母在看到孩子很长时间都没有学会某些技能时，常常会又急又气地责备孩子不用心、脑子不好使。这些话语只会让孩子失去继续学习的信心，甚至给孩子贴上“笨”的标签。但事实上，或许不是孩子不好好学，而是这个方法不太适合他或受到其他外在因素的影响。其实每个孩子的身心发展都存在差异，非智力因素的优势体现也各有不同，尤其是受家庭成长环境的影响，因此要想获得良好的教育效果，就必须进行有针对性的教育，不可盲目攀比，操之过急。父母要相信一定会找到适合自己孩子的教育方式。

父母要善于运用猕猴效应的启示养育孩子，遵循因材施教的教育原则，“一把钥匙开一把锁”，相信总有一种教育方式适合孩子，不可急功近利。

1. 细心观察，了解孩子的个性特征

因材施教的前提是父母了解自己的孩子是什么“材”，这就需要父母深入、全面地了解孩子。了解是教育的基础，然而现实却是很多父母对孩子的了解仅仅是他想要了解的部分，不够全面也不客观，常常带有主观的臆测性。例如，带孩子外出见朋友，一看到孩子没有主动向别人问好，就会很主观地批评孩子“不懂礼貌”，然而事实或许是孩子内向害羞。所以，父母要细心观察孩子什么情况下会主动打招呼，什么时候不会，甚至需要和孩子心平气和地聊一聊他当时的感受，听听孩子内心真实的想法。父母和孩子朝夕相处，正好可以通过观察、交流、活动等多种方式，了解孩子的所思所想，把握孩子的身心发展特点。在了解的过程中，父母要做到客观、全面和深入，防止主观、片面、表面化。

2. 不断尝试，选择合适的教育方法

“教学有法，教无定法。”这句话道出了教育方法的基本原则。“教学有法”指的是教育孩子不是想怎么样就可以怎么样，要遵循孩子身心发展的基本规律。例如，陪伴幼儿期孩子的方法与陪伴青春期孩子的方法肯定不一样，如果违背自然的基本规律，终将会受到惩罚；“教无定法”指的是每一个孩子都是独立的、有差异的个体，在遵循基本规律的前提下，每个孩子的具体教育方法肯定是不一样的，没有一种放之四海而皆准的方法。因此，教育子女的过程永远是一个不断探索和升级的过程。父母要根据孩子的实际情况，结合孩子的身心发展规律明确对自己孩子的培养目标和要求，并选用合

适的教育方法。没有哪一种教育方法是适用于每一个人和所有情境的，尤其是现代竞争激烈的社会，父母往往急于求成，听说“狼爸”教育方式好就学“狼爸”，听说“虎妈”教育方法好就学“虎妈”，东一榔头西一棒子，甚至对子女进行揠苗助长式教育，这常常带来适得其反的效果。

随着孩子年龄的增长，教育方式也要不断改进。在青春期之前，父母或许可以用绝对的权威管教孩子，但到了青春期之后，孩子对这种方式明显不买账，甚至会逆反，引发亲子矛盾。而此时多用一些民主型的管教方式，会让亲子关系像朋友一样和谐。对于多子女家庭也一样，对一个孩子很适用的方法，对另一个孩子不见得有效。父母一定要看到不同个体的差异，并且尊重这些差异。多试几次，多与孩子互动沟通，才能选择合适的教育方法，真正做到因材施教。

3. 耐心等待，始终相信孩子能成才

每一朵花儿都在适合它的季节开放。孩子的成长也是如此，有些孩子学得快，有些孩子学得慢，但最终他们都能学会。在学习知识和技能的过程中，父母不仅要会细心观察和敢于选择不同的培养方式，更要有耐心，不可急功近利地追求自己孩子与别人孩子一样的进度，也不需要盲目地攀比徒增自己和孩子的焦虑。父母的情绪稳定很重要，有耐心、愿意等待和擅于想办法的父母就像孩子成长中的“定海神针”，鼓励孩子永不放弃，在他适合的“季节”绽放。

天生我才必有用。只是有些孩子成长为参天大树，有些孩子成长为有经济效益的果树，有些孩子成长为抵抗风沙的防风林，但最终他们都有“用武”之地。父母要相信孩子，遵从孩子多元智能优势，选择适合他的学习方式。或许孩子的文化课学习不是很好，但运动技能学习迅速，身体灵敏度高，这又何尝不是一种优秀呢?

育儿行动

遵从猕猴效应的育儿原则，父母可以尝试以下的做法：

第一，在孩子学习一些新知识和新技能时，父母可以和孩子讨论双方对于这些知识和技能的看法，并多听听孩子对于学习方式的需求，父母记录下来，在条件允许的情况下和孩子一起尝试，最终选择适合的方法。

第二，在孩子成长的过程中，父母可以通过育儿日记的方式，记录孩子的成长故事，并从中归纳总结出孩子比较适合的学习方式，提升养育技能。

第三，背诵古诗，有些孩子喜欢大声朗读，借助听觉来记忆；有些孩子喜欢默读，借助视觉来记忆；有些孩子喜欢摇头晃脑地吟读，借助动觉来记忆……不要“一条道走到黑”，多尝试，总能找到适合孩子的学习方式和教育方式。

·9·

瓦拉赫效应：适合自己的才是最好的

奥托·瓦拉赫是一个富有传奇色彩的诺贝尔化学奖获得者。瓦拉赫多次被老师贴上“太笨了”的标签，老师认为他不可能成才。他读中学时，父母让他学习文学，但老师认为他过分拘泥，不可能在文学上有成就。于是，父母让他改学油画，可是瓦拉赫的油画成绩在班上是最差的，老师认为他在绘画艺术方面也是不可造就之才。在父母失望之时，化学老师认为瓦拉赫做事严谨、一丝不苟的品格适合做化学实验。于是，他开始学化学。自此，瓦拉赫的智慧火花一下被点燃了。于是，他凭着自身的努力和在化学方面的天赋，在 1910 年登上了诺贝尔化学奖的宝座。瓦拉赫的成功说明了这样一个道理：人的智能发展是不均衡的，每个人都有自己的优势智能和劣势智能，一旦找到自己智能的最佳点，使智能潜力得到充分发挥，便可取得惊人的成绩。人们把这一现象称为瓦拉赫效应。

效应启迪

瓦拉赫效应告诉我们：“每个孩子都有自己的优势领域。”父母应该引导和帮助孩子找到他的优势领域并加以培养。不同的孩子就像不同的动物，他们各自的特点不同，擅长的领域也不同。鱼儿擅长游泳，猴子擅长爬树，袋鼠擅长跳跃……如果鱼儿不会爬树，鱼儿的父母就说它是笨蛋或失败者，丢了父母的脸，那鱼儿就永远都会感觉自己低人一等，抬不起头。正如爱因斯坦所说："每个人都身怀天赋，如果以不会爬树来评判一条鱼，它终其一生会以为自己愚蠢。"但是如果鱼儿的父母对它说："孩子，虽然你不会爬树，但是你会游泳，你在水里也生活得很开心啊，为什么一定要爬树呢？"这时，鱼儿就会自信起来，努力在水里让自己过得越来越精彩！

生活中也是如此，甲家的孩子钢琴、绘画学得特别好，乙家的孩子能歌善舞，丙家的孩子数学成绩非常优秀……我家的孩子不愿意学或学不好这些，就是落后者、失败者，让我丢脸吗？瓦拉赫效应提醒我们，父母应该把注意力从关注孩子这不行那不行上转移到去发现孩子行的、胜任的方面，从关注孩子的问题和缺点转移到关注孩子的优点和长处方面来。正如鞋子合不合脚，只有穿的人才知道，所谓适合自己的才是最好的。教育孩子亦然，适合自己孩子的才是最好的。现代教育理念要求的不是选择适合教育的孩子，而是创造适合孩子的教育，家庭教育要特别注意这一点。

运用建议

孩子在某些方面做不好，父母要认识到不是因为他笨，更大的可能是因为他的优势智能不在这些方面，父母需要做的是发现和引导孩子寻找他智能的最佳点，并为之努力。

1. 要树立适合自己的才是最好的的教育观念

每一个孩子都是处于发展变化中并逐步走向成熟的人，都蕴藏着发展的巨大潜能。父母应该"蹲下来"，用孩子的视野看孩子，用尊重信任的眼光看孩子，而不是用世俗、功利的眼光看孩子。瓦拉赫效应带给父母这样的启发：孩子在某些方面学起来或做起来很吃力，不是因为他笨，而是因为他的优势智能可能不在这些方面。这时，父母不该总是对孩子表达失望和指责，而是应该采取各种方法帮助孩子去面对困难。如果孩子还是难以胜任，也并不意味孩子就是无用之才，“朽木不可雕”“烂泥扶不上墙”，也许是“此木不适合雕，适合做梁柱”“此泥不适合扶墙，适合种玫瑰植兰花”。孩子学不好这个，并不会影响他的整个人生，可以去学别的；孩子做不好这个，没关系，父母不要急着去否定和定义他的未来“必将一事无成”“失败者”“没用”……他在这方面不成，可以去成就别的方面。适合自己的才是最好的，做最好的自己才是每一个人应有的追求。当然，这并不是说父母要支持孩子轻易放弃，而是说努力过后实在不行的时候，父母要以科学的发展观，用多元的视角看待孩子。父母看到希望，孩子就会有希望。

2. 要帮助孩子寻找智能的最佳点

多元智能理论告诉我们，每一个人都具有语言、数理逻辑、空间、运动、音乐、人际交往、自然探索、内省八种智能，但是这八种智能在人身上并不是平均分布的，每个人都有其优势智能和劣势智能。正如有些人空间智能比较弱，容易迷路，但他的音乐感受能力很好；有些人语言表达欠缺，但他的数理能力很强；有些人学业成绩比较差，但他却有运动天赋。

所以，当孩子在某些方面不断遭遇挫败时，并不是说他真的什么都不行，只是没有发现自己的优势智能而已。这时父母就要帮助和引导孩子去找到自己的优势智能，让他在自己胜任的方面加倍努力以赢得自信。当孩子在某个方面真正优秀起来了，树立了自信时，他就有可能把这份自信迁移到成长中的方方面面，有助于他取得成功。但是现实生活中有些父母却不这样做。例如，有的孩子的文化科目成绩不理想，各种办法都尝试了，还是学起来很吃力，当这类孩子把精力和注意力转移到其他感兴趣的项目上时，如绘画、运动等，父母常常又会指责他们，“如果你把这个时间和心思花在学习上，你的成绩就不会这么差了”，甚至对他们进行肢体和言语伤害。这样，孩子就会越来越厌学、胆小自卑，或者是越来越逆反，而且会由于没有成就感和价值感，后续衍生出各种行为问题和心理问题。

如果父母了解瓦拉赫效应，就会知道，这类孩子更需要得到父母的理解和支持，他们在学业上充满挫败已经很不容易了，父母要去挖掘孩子在学业之外的优势智能，创造机会让孩子多去接触绘画、唱歌、跳舞、体育运动、手工、厨艺和其他各种各样的活动，一旦发现了孩子的兴趣点和优势智能，就支持和鼓励孩子往那个方向发展，帮助他找到属于自己的“舞台”，遇见更好的自己。

3. 要立足孩子的差异，有科学“取舍”的智慧

父母要认识到人与人之间是有差异的，所以不必盲目拿自己孩子的短板跟别人家孩子的长板进行比较。别人家孩子学钢琴，也许自己的孩子不适合学钢琴，而适合学绘画；别人家的孩子文笔流畅、出口成章，到处登台主持，也许自己的孩子适合做幕后……只要你用心去发现，就一定会找到自己孩子的特别之处和价值所在。所以，父母要在孩子发展什么兴趣，培养什么特长上进行智慧的取舍，放弃盲目地攀比。这个世上本没有天生的无用、天生的失败或天生的成功，关键是在于你是否选择了适合自己的道路。

育儿行动

瓦拉赫效应提醒父母在养育孩子的过程中要认识到不同孩子间智能的差异，不盲目比较，要有正确“取舍”的智慧，帮助和引导孩子找到自己的优势智能，适合孩子的才是最好的。

第一，停止拿自己孩子的短板跟别人家孩子的优点比较。

第二，把注意力从关注孩子的缺点转移到挖掘孩子的优点和长处上来。

·10·

摩西奶奶效应：孩子的潜能需要激发

一个一辈子务农并患有关节炎的76岁老妇人，我们很难想象她的余生还会有什么特别的。然而，摩西奶奶就拥有晚年成大器的别样精彩。摩西奶奶是美国弗吉尼亚州的一位农妇，76岁开始了自己一直想做的事——画画儿；80岁时在纽约举办了人生的第一次画展，引起轰动；90岁时，她的画作开始在美国及欧洲畅销；100岁时，她启发了近30岁的日本青年渡边淳一，后者受到她的鼓舞，弃医从文，最终成为世界一流的文学大师。摩西奶奶于101岁去世，一生留下绘画作品1600余幅，时任美国总统的肯尼迪致讣告词，称其为“深受美国人民爱戴的艺术家”。摩西奶奶晚年的成功说明人的潜能是无限的，但潜能需要激发，只要找对方向，什么时候开始努力都不晚，这就是著名的摩西奶奶效应。

效应启迪

从2015年开始在中央电视台热播的大型综艺节目《挑战不可能》吸引着万千观众，许多观众眼睁睁地看到现实社会中几乎“不可能”的事情，一件件地被证实是“可能”的。人们在赞叹、佩服的同时不得不承认每一个人都有无限的生命潜能。美国知名学者奥图博士说：“人脑好像一个沉睡的巨人，我们平均只用了不到 1% 的大脑潜力。”可以想象，沉睡的潜能一旦被激发，就会表现出不同寻常的超级力量，“不可能”也会变成“可能”。摩西奶奶效应的本意就是这样，摩西奶奶告诉我们，人的潜能是无限的，即使已 80 岁高龄，只要把潜能激发出来并投入持之以恒的努力，一样会获得成功。相反，如果潜能没有得到激发，若摩西奶奶晚年没有去行动，那她的绘画潜能就会自行泯灭。在养育孩子的过程中，父母要认识到孩子是有无限发展潜力的人，父母要做的是帮助孩子正确认识自己，为孩子创造合适的条件，激发他的潜能，使他有机会专注地投身于自己真正喜爱的事情中产生摩西奶奶效应，帮助孩子成为最优秀的自己。

同时需要注意的是，人的潜能虽然是无限的，但并不意味着可以任意、随便地进行发掘，人的成长具有自身的规律，激发人的潜能也需要唤醒、发现、开掘等循序渐进的过程，而且还需要有不断挑战自我的勇气和精神。如果不遵循规律无异于揠苗助长，影响的是孩子一生的幸福。

1. 父母要相信孩子的潜能是无限的

很多时候，当孩子的学习有困难，老师也觉得孩子不开窍时，父母很容易就会对孩子表示失望，觉得孩子没有希望。这样的父母缺乏发展的眼光，觉得孩子的智能、品性是固定的、不可以改变的，这样就会把孩子“看扁”“看死”，不仅不会激发孩子潜能，还会严重打击孩子的自信心，伤了孩子的自尊，得不偿失。父母要相信孩子的潜能是无限的，就算是身心不健全的残疾人，其潜能也是惊人的，像霍金、张海迪、千手观音的演员……只要身残志不残也能发挥潜能，产生源源不断的推动人进步的动力，不可能也会成为可能，照样为社会做出巨大的贡献。所以，父母要做的不是自怨自艾、指责孩子，而是要相信孩子，坚信孩子现在不行并不等于未来不行，暂时的

落后并不等于永远的落后，孩子具有强大的可塑性和无限的可能，有信念、有梦想就会创造奇迹。

2. 父母要采用合适的教育激发孩子的潜能

父母是孩子最亲近的人，也是孩子的第一任老师，对于孩子的行为、性格和潜能挖掘都起着非常重要的作用。如果孩子暂时不优秀，那是因为孩子的潜能还没有被挖掘出来。父母要做的就是为孩子提供适宜的条件，采用合适的教育方式帮助孩子将他的潜能挖掘出来。

首先，父母要有科学的成才观，孩子的成长是一辈子的事情，而不是简单地由他在小学、中学、大学所得的分数决定的。如果用唯一的成绩标准来衡量孩子，他就有可能受到无数的伤害，他的潜能也不会得到激发。就像蒲松龄屡试不第，写作《聊斋志异》却身手不凡；柯南・道尔行医无所作为，创作《福尔摩斯探案集》却让世界上最高级的侦探叹为观止；陈景润笨嘴拙舌，却摘取了数学皇冠上的明珠……对于学业吃力的孩子来说更是如此，如果孩子确实难以在学业成绩上出色，父母要敢于为孩子打开另外一扇窗，根据孩子的特点努力寻找适合的领域去成就孩子的自信，使其潜能得以发掘。

其次，潜能需要激发才能发挥其无穷力量，不被激发就是“潜在的”“沉睡的”。脑科学研究发现，孩子出生时脑细胞总数已经达到成年人水平，只是体积小、树突分枝少。随着年龄的增长，受环境的刺激和教育，脑细胞体积增大，树突分枝越来越多，细胞间联系的突触大量形成，但是那些没有得到使用或没有与别的细胞建立联系的细胞就会被遗忘、弃置，甚至清除。所以，潜能需要唤醒和激发。父母可以尝试给孩子更丰富的体验，如多观察大自然，在父母陪伴下做一些科学小实验、厨房小实验等，在丰富的生活体验中唤醒和激发孩子的潜能。

再次，父母要为孩子的潜能激发提供合适的机会和教育。孩子从小就有强烈的好奇心和求知欲，正如摩西奶奶说的：“你最愿意做的事情，才是你的天赋所在。”父母要做的就是为孩子提供各种各样的机会和学习材料，不断地满足孩子的好奇心，丰富孩子的经验。就像种子生长需要阳光雨露和肥料一样，只要给孩子足够多的机会，让他去尝试和挑战，就能把他的潜能激发出来。但是，不少父母受“不让孩子输在起跑线上”的影响，过早、过急、过滥地让孩子学这学那，以为是在开发孩子的潜能，其实违背了孩子身心发展的规律，损害了孩子的身心健康，还不能把潜能激发出来。例如，父母为孩子选择兴趣班学习，盯着的往往是眼前的“大奖”“成绩”“升级”，而不是为孩子提供各种各样的成长机会，唤醒孩子的潜能，发现孩子的最优潜能并进行培养。所以，父母不能一厢情愿地逼孩子去学习自己希望他学的东西，而是要遵循孩子的成长规律，并多问问孩子自己的想法，唤醒和发现孩子的潜能，支持和鼓励孩子持之以恒去实践，最终把潜能发挥到极致。

3. 激发孩子潜能，“现在”就是最恰当的时候

生活中，不少父母都会因为看到别人家孩子“才华横溢”，而为自己孩子的“一事无成”“一无是处”着急、失望。这时父母也许会去四处求助或诉说，当别人告诉他们该怎么做时，他们却又会抱持怀疑的态度：“算了，太迟了，来不及了”“哎，我已经错过教育孩子的关键期了”……其实，来不来得及并不在于先后，也不在于时间是否充足，而在于是否愿意，有没有目标和信心。许多人一事无成，并不是他没有潜力，而是他安于现状、懒惰、缺乏信心和勇气。摩西奶奶的故事告诉我们，只要有梦想，想做愿做，什么时候开始都不晚。所以，不必担心太晚，不必认为来不及，从现在开始，多给孩子机会，多给孩子鼓励，多给孩子信心，撸起袖子加油学，孩子身上处于休眠状态的潜能就会被激发出来。“现在”就是最恰当的时候，想学什么就让孩子去学，想做什么就让孩子去做，人生永远没有太晚的开始。

育儿行动

平时请父母注意留心观察孩子的行为表现，看孩子特别喜欢做什么，

做的时候是不是特别投入，做的时候是不是又快又好，再结合老师和同学的意见，就能发现孩子的优势潜能，多鼓励和支持孩子，帮助孩子把潜能激发出来。

勇于尝试，敢于挑战，是激发潜能的一大法宝。请不要怕孩子失败和犯错，鼓励孩子多尝试，多实践，“奇迹”说不定某天就会出现。

· 11 ·

霍桑效应：每个人都希望被“看见”

霍桑的工厂是20世纪20年代美国芝加哥郊外的一个制造电话交换机的工厂，有先进的生产设备、齐全的娱乐设施、完善的医疗制度和养老金制度等，但是工人们仍然愤愤不平，生产效率低下。为了探究影响工作效率的原因，美国国家研究委员会组织了心理学专家对其进行了一系列的实验研究，先后历时近八年，实验通过探讨一系列控制条件（车间照明度、福利、访谈、群体关系等）对工作效率的影响，最后发现，工资福利并不能完全影响人的工作效率，受到关注、有机会把他们心中对工厂的不满发泄出来及有和谐的人际关系才是提升工作效率的根本，这就是霍桑效应。

效应启迪

霍桑效应告诉我们，影响生产效率的根本因素不是经济物质条件，而是人的精神需求（包括被关注、被倾听、被尊重及和谐的人际需求等）是否得到满足。当一个人感受到自己被关注、被尊重时，就会以比较高的效率投入到工作或学习中。霍桑效应被广泛地应用于企业管理、学校管理等领域，它启发领导人、管理者要善于观察和体会被领导者的内心感受，理解他们的想法和行为，并搭建双向沟通的桥梁。例如，苹果公司的创始人乔布斯非常重

视和员工的密切沟通，为了更好地为员工提供有效的帮助，他还专门设置了员工帮助中心。为此，苹果公司的团队凝聚力很强，工作效率也非常高。在家庭教育中，父母如果巧用霍桑效应，将有助于激发孩子源源不断地产生蓬勃向上、积极进取的动力，从而提高孩子学习和生活的效率。

运用建议

霍桑效应告诉我们，关注孩子的精神需求，为孩子营造和谐的家庭氛围，倾听孩子的声音，“看见”孩子的内心，孩子会因被父母洞悉而更愿意听从教导。

1. 多关注孩子的精神需求

孩子不仅仅有物质需求，更需要满足精神需求。毫无疑问，每个父母都是爱孩子的，但并不是每个父母都会爱孩子。有的父母自认为给了孩子很多，但这些却并不是孩子最想要的或者是最需要的。比如，有的父母忙于工作无暇顾及孩子，于是长期把孩子交给老人、保姆照顾；有的妈妈甚至为了保持身材不给孩子喂母乳；等等。这些父母通常会有一个共同点，那就是会通过不断地给孩子买各种各样的东西来弥补自己缺位的内疚感。但不管如何满足孩子的物质需求，孩子还是与自己不亲，也听不进自己的管教，学习没有动力。为什么会这样呢？透过霍桑效应，我们就会明白，其实对这些孩子来说，比起物质，他们更需要的是父母的陪伴、爱抚、拥抱和精神上的激励。

当然，关注孩子的精神需求不是一句口号，而是要在陪伴中建立良好的情感关系和掌握“看见”孩子的能力，这样才能洞悉孩子的内心，了解孩子的精神需求。有的父母可能会说，“我有陪着孩子啊，一有时间就在家陪着”“我几乎天天都陪着孩子”。这些父母仅仅是“陪着”，不是“陪伴”。

“陪着”是孩子做孩子的，父母做父母的。“陪伴”是融入孩子的世界，想孩子所想，做孩子所做，乐孩子所乐。这样才能与孩子建立融洽的、亲密的情感关系，也才能“看见”孩子的内心需求。也有的父母时时刻刻在监控孩子的一举一动、关注着孩子的方方面面，他们可以不计成本地为子女花钱“投资”，对孩子的呵护可谓费尽心思，但孩子却好像永远也长不大，动不动就哭、发脾气，有的甚至成年了也不愿意出去工作……这些父母操碎了心，为什么却还是没有培养出勇敢有担当会感恩的孩子呢？原因就是，这些父母只关注了孩子表面的看得见的需要，却缺乏洞悉孩子内心和“看见”孩子精神需求的能力，导致过度关注和保护，使孩子丧失了自由成长的空间，剥夺了孩子发展独立人格和社会技能的机会。

因此，物质不是万能的，父母在满足了孩子的基本生活后，更要关注孩子的精神需求和“看见”孩子自身能力成长的需要，既重视情感的投入又重视精神的鼓励。

2. 家庭成员间也需要被“看见”

很多家庭都把目光过多地聚焦到孩子的成长、学习上，也因此引发了很多不和谐的声音。诸如因为意见不同引发的夫妻争吵，因为生活琐事导致婆媳矛盾，因为育儿观点不统一导致亲人间恶言相向等，这不仅伤害当事双方的情感，还营造出沉闷、紧张、冷漠、恐怖的家庭氛围，在这样的家庭氛围中还能培养出阳光自信、健康快乐的孩子吗？最终受害的还是孩子。所以，家庭成员间也需要被彼此“看见”。其中最重要的是把夫妻关系经营好，相互尊重、相互理解、相互包容、相互谦让、相互体贴，彼此“看见”，这样才能相亲相爱，和和美美。孩子如果生活在父母感情和谐、恩爱的家庭环境中，自然也会更加健康阳光幸福地成长。同样，其他家庭成员之间也需要建立这种良好的情感关系。因此，家庭成员间互相“看见”、尊重彼此，有助于营造和谐的家庭环境。生活在温馨的、充满爱的家庭环境中，每个人都会充满力量，向上向善。这是霍桑效应的应然之意。

3. 倾听孩子的声音，洞悉孩子的内心

优秀的父母一定是终身学习不断成长的。只有这样才能掌握孩子的身心发展规律和拥有良好的亲子沟通能力，才能更好地关注孩子的变化，倾听孩子的声音，洞悉孩子的内心。当发现孩子显得不那么快乐，或者出现行为问题时，父母要耐心倾听，孩子才愿意说出他心中的秘密。例如，在"二孩"家庭中常有这样的现象，一直乖巧明理的大宝，突然有一天变得敏感爱生气、无理取闹。父母倾听后发现，大宝的情绪背后就是想突出自己的重要性，想通过这样的方式来吸引父母的关注，并以此来试探和证明父母是否依然爱自己。然而，不懂倾听的父母就会断言大宝不懂事儿；而善于洞悉孩子内心的父母就会意识到大宝"不乖"的行为是在呼唤父母更多的爱和关注，于是就会主动学习相关的方法并调整自己的教育方式，回馈以爱意和积极关注，帮助大宝更快地适应有弟弟或妹妹的生活。

当孩子心情愉快或是有好的表现时，父母也要看见，给予肯定和赞赏，陪孩子一起开心。父母的看见会给他指明前行的方向，会给他持续努力的动力。然而，不少父母受传统谦虚谨慎思想的影响，往往吝啬自己的赞美，害怕赞美会让孩子骄傲，于是会提醒或警告说："看你高兴的，一点点成绩就这样，你的路还长呢？"这些父母没有看见孩子的情绪，自然也就很难听到孩子的心声，更不用说激发孩子成长的动力了。因此，要运用好霍桑效应，给孩子的健康成长插上飞翔的翅膀。

育儿行动

每个孩子都希望被"看见"，"看见"就是力量；情绪的背后是想突出自己的重要性，或者是希望做得更好。

父母要反思自己是否过度关注了孩子的物质需求，而忽视了他的精神需求。

当孩子对父母流露出不满的情绪时，主动觉察孩子情绪的背后是想表达什么，需要什么，思考如何说话才能触及他的心门。

· 12 ·

瓦伦达效应：过程比结果更重要

瓦伦达是美国一个著名的高空走钢索的表演者，他以稳健而精彩的高超演技而闻名，一直来从没有出过事故。但是却在一次重大的表演中，不幸失足身亡。他的妻子事后说她这一次有不好的预感，因为以前每一次成功表演之前，瓦伦达都只想着走钢丝这件事本身，不去想可能带来什么结果，但是这一次他上场前却总是说这次表演对自己的名声和对演技团的利益太重要了，绝不能失败，这让他精神高度紧张，无法把注意力集中到走钢索本身上，导致了悲剧的发生。心理学上把人们在做事儿的过程中，为了达成胜利后的某些目的，而过于在乎结果，越不想失败却越失败的现象叫瓦伦达效应，也叫瓦伦达心态。

效应启迪

在日常工作、生活和学习中，几乎每一个人心中都有一个“瓦伦达”。人们希望通过自己的努力而获得相应的结果和回报，以得到别人的认可，也证明自己的存在和价值。特别是面对某一重大事件时更是如此。例如，一个重点工程的招标，一次决定发展的关键谈判，第一次找领导汇报工作，参加招聘面试、中考、高考，等等，越在乎事情结果，往往精神越紧张，心理越焦虑，最后结果越是不尽如人意。相反，如果把心态放平，不患得患失，不在乎结果如何，尽力而为把事情做好，反而成功会悄然而至。这也就是经验丰富的“过来人”经常告诫年经人的法宝：“越想得到往往越得不到，争也没有用。而把事情做好该得的东西自然会来，想不要都不行。”因此，瓦伦达效应告诉我们，过于在乎事情的结果，过于想要做好一件事，反而会偏离轨道，因为过度追求成功的结果，会消耗和分散很多精力，让人没法专心地做好眼前的事情。要想避免这一效应的产生，就要专注于事情本身，做事时不想事件以外的诱惑和干扰，学会用平常心看待一切事物，过程比结果更重要。

父母养育孩子也一样，这本是一个漫长的过程，但还是有很多父母急功近利，不断地“逼”孩子，诸如：“还不快点儿做作业！”“快考试了还在玩儿！”“我已经说了多少篇了，怎么就做不到呢？”“你考了多少分？没有100 分不准玩儿！”……有的父母甚至揠苗助长，让孩子超前学习，使孩子不堪重负。这种种过于关注眼前利益、学习结果、外在虚荣的做法，不仅偏离教育初心，欲速则不达，还弱化了孩子的进取心，使孩子讨厌学习，逃离家庭，甚至还可能诱发孩子产生种种心理问题。瓦伦达效应对家庭教育的启示是：教育是慢的艺术，孩子的成长也有一个漫长的过程；父母要有耐性、不能急功近利；要知道，成长比成功更重要，过程比结果更重要；关注孩子，而不是关注孩子能带来什么；关注孩子成长，而不是关注孩子的成长结果带来什么。

1. 孩子的成长比成功更重要

人来到世界上，对社会一无所知，就是一个自然人或生物人。成长就是让自然人成为社会人的过程，是人不断习得各种能力和技能从而走向社会、

走向成熟的一个过程，最终成长为身心健康、适应社会生活的人，成为社会所需要的成员。所谓成长就是使人成人，使人成为更优秀的自己，而不是其他的功名利禄。成功是就读名校、拥有高职位或高收入吗？成功不等于幸福快乐，成功不等于健康成长，成功只是评判人的一个标准，而且只是某一阶段的标准，并不是全部，仅仅是成长的一部分。正如考上名牌大学只是成长中的某一阶段的成功，并不意味着今后生活就一定成功、一定幸福快乐。更何况真正的成功是无数方面健康成长的结果，正所谓“成功等于百分之九十九的努力，加上百分之一的灵感”。成功背后是日积月累的成长才能达到的。所以，父母要更多地关注孩子成长本身和成长的过程，不要过分关注眼前所谓成功的结果。

父母眼中要有“人”，不是“人”之外的虚无缥缈的成功表现；要遵循孩子的个性和成长规律，关注孩子的心理需求，培养孩子的积极心态，鼓励孩子要有自己的兴趣爱好，做自己喜欢的事儿而不只是逼孩子做父母认为对他有好处的事儿。其实，孩子一旦在某一方面产生兴趣并获得自信，就有可能迁移运用到学习上的各个方面，从而以一个点的成长带动一个面的成长，这种成长的喜悦里自然藏着成功的惊喜。

2. 学习过程比学习结果更重要

当今社会竞争越来激烈，孩子上学后，父母越来越多地关注孩子的学习和学习所取得的结果，甚至以分数论英雄。父母的这种心情是可以理解的，毕竟学习结果本身是衡量学习状态的标准之一，一定程度上能反映孩子与其他同学之间的差距，但绝不是判断学习优劣的唯一标准。学习态度是否积极主动，学习兴趣是否浓厚，学习习惯是否良好，学习方法是否科学有效等更是需要父母去关注的因素。日常生活中我们经常发现有这样的孩子，对学习很有兴趣，也非常勤奋好学，但学习成绩平平。如果不了解孩子这样的学习状态，不想办法帮助孩子找到适合他自己的学习方法，只是一味地关注学习结果，无形中给孩子的压力更大，孩子的学习成绩反而会越来越差，百害而无一利。现在，越来越多的“学霸”也证明，他们是享受学习过程的，是感受学习乐趣的学习的“主人”，而不是为了获取学习成绩的“奴隶”。

父母要认识到学习过程比结果更重要，平常要赞扬孩子在过程上的努力和面对困难时坚持不懈的精神以及对待学习时的认真态度，而不是赞美他成绩好、能力强或天赋高；帮助孩子认识到，自己优秀是因为努力，并享受其过程，倘若自己不够优秀就要努力去让自己变得优秀。这也就是瓦伦达效应给我们的启示：关注事情本身往往会有好结果，过分关注事情结果反而没有好结果。

3. 帮助孩子消除瓦伦达效应带来的焦虑

有一些孩子平时表现很优秀，但是一到大考或是重要的比赛时就发挥不好，这就是受瓦伦达效应影响的现象。每年的中高考成绩出来后，总是几家欢喜几家愁，有些状态好的孩子像黑马一样冲了出来，而有些孩子却受到瓦伦达效应的影响，过于焦虑、烦躁而影响了考场上的发挥，结果成绩不及平时理想。孩子为什么会如此焦虑？很多时候是因为孩子觉得父母在乎，担心没有取得好成绩令父母失望，或者担心从此影响人生命运。因此，父母平时就不要给孩子过高的期望值，引导孩子看淡结果，即使失败也没什么大不了，有勇气坦然接受。当孩子平时养成了只管努力而不过于在乎结果的学习追求时，关键时刻也自然会多一份坦然和淡定，少几分过度的焦虑。

人生不是百米赛跑，而是一场马拉松，父母还要引导孩子把眼光放长、格局站高，形成正确的认知。在人生的长河里，成长是一辈子的事情，不是在小学、中学、大学通过几次考试所能决定的。学生时代，考试对于孩子来说是很重要的事，但并不是唯一重要的事，一次考试失败也不代表孩子就没出息。人的一生有无限的可能，我们能做的是脚踏实地地努力奋斗，争取实现自己的梦想和价值。这样就能把瓦伦达效应抛之脑后，轻松走好人生每一条“钢索”。

育儿行动

春花固然鲜艳，夏荷也芬芳，秋菊亦绚烂，冬梅甚是芳香。父母既不要过于关注孩子是否能获得眼前的成功，也不必因为太在意遇到的困难和挫折而放弃努力，相信过程比结果更重要。

当孩子在做某一件事情之前告诉你他很紧张时，请你反思自己是否对他提出了过高的期望，降低期望值并告诉他："做好当下能做的，关注当下，过程比结果更重要。不管结果如何，父母都爱你。"

当孩子犯了错误或是遇到失败时，请父母在心里告诉自己："感谢这个经历，让我的孩子有了一次学习面对和承受错误或失败带来的种种压力的机会。"也告诉孩子："痛苦的过程会带来心灵的成长。"

教育能力篇

· 13 ·

目标效应：大目标小步走

个体为达到一定目标而产生出精力奋发、克服困难的毅力，最终排除万难实现目标，称为目标效应。哈佛大学有一个非常著名的关于目标对人生影响的跟踪调查：调查对象是一群智力、学历、环境等条件差不多的年轻人。通过调查发现：27% 的人没有目标；60% 的人目标模糊；10% 的人有清晰但短期的目标；3% 的人有清晰且长期的目标。此项调查进行了长达 25 年的跟踪，结果发现那些调查对象的生活状况以及分布现象都十分有意思：占 3% 的有清晰且长期目标的人，25 年来几乎不曾更改过自己的人生目标，他们一直朝着一个方向努力，25 年后，几乎都成了社会各界的顶尖成功人士，他们当中有白手起家的创业者、行业领袖、社会精英等；占 10% 的有清晰但短期目标的人，在 25 年后，大多生活在社会中上层，那些短期目标不断被达成，他们的生活状态稳步上升，成了各行各业不可缺少的专业人士，他们的职业大多是医生、律师、工程师等；占 60% 的目标模糊的人，25 年后大多生活在社会的中下层，他们能够安稳地生活与学习，但没有什么特别的成绩；剩下的 27% 的没有目标的人，25 年来，几乎都生活在社会的最底层，而且，生活得很不如意，常常失业，需要靠社会救济才能生存，喜欢怨天尤人。

效应启迪

目标效应是一种积极的效应，一旦我们确立了明确的目标，就会朝着这个目标不断前进，不管遇到多大的困难，或者失败和挫折，都会勇往直前，直至实现这个目标。古今中外，所有的成功者最初都是由制订一个小小的目标开始的。人一旦确定了目标，就会产生无穷的力量去实现它。孩子将来拥有什么样的人生，取决于孩子心中追求一个什么样的目标。目标是驱动人们大部分行为背后的动机，目标影响人生的快乐和满足。人们如果没有长期且坚定的目标，便可能会在人生的某一阶段找不到方向。

现实生活中，许多孩子学习缺乏主动性，觉得生活很无聊、没意思，喜欢宅在家里，沉溺于虚拟世界，不知道自己想要什么，想做什么，这种现象最根本的原因是缺乏目标。如何让孩子找到自己的人生目标呢？有的父母可能会认为，取得好成绩、考上好学校，将来找个好工作就是孩子的人生目标。然而，这恰恰是孩子感到迷茫的症结所在。不少孩子曾经非常努力学习，但考上了大学后却感觉很迷茫，仿佛上了大学就已经用尽了全身的力气，于是浑浑噩噩地虚度大学时光。

父母要让孩子认识到，人应该树立远大理想，并为此而努力去掌握所需的技能和知识。学习目标不只是为了考上大学，更是为了实现自己的人生理想，体现自己的人生价值，帮助他人、服务社会，这样才能给自己带来成就感、幸福感，这样的人生才活得有意义。例如，一个孩子立志当医生，这样不仅可以帮助、医治更多人，更能体现自己的人生价值。为了实现这个目标，孩子就会产生持续学习的动力，而不再需要父母不断的督促：“还不赶快学习，做作业！”所以，父母要帮助孩子找到属于自己的梦想，并把梦想细分一个个可以实现的目标，发挥目标效应的积极作用，为孩子的成长装上马力强大的“发动机”。

要发挥目标效应的积极作用，父母可进行以下几个方面的引导。

1. 引导孩子立下远大理想

目标永远在技巧和方法前面，目标是成功的起点，它决定了成功的高度，有什么样的目标就有什么样的人生。一个人如果一开始就不知道自己要去哪里，他就永远到不了他想去的地方。对于父母来说，最重要的就是帮助孩子确立人生目标，让他们怀揣着梦想前进。立志是成才的动力，父母可以和孩子多讲这方面的故事，让他们早立宏志，以便成才。例如，岳飞的“精忠报国”，鲁迅的“我以我血荐轩辕”，周恩来的“为中华之崛起而读书”等宏愿，均是其青少年时确立的志向。“中国馆之父”、中国工程院院士何镜堂先生也是中学时期立志成为工程师而获此成就的。2019 年 81 岁高龄的他仍然为中学时期的梦想而努力奋斗。

父母还要多与孩子沟通，讨论关于人生目标的话题，通过不断地引导和对话，帮助孩子设定自己的目标。例如，针对幼儿园阶段的孩子，父母可以问：“你长大后想做什么？你最喜欢的是什么？你知道爸爸、妈妈是干什么的吗？你知道警察叔叔和老师有什么不同吗？”对小学阶段的孩子，父母可以问：“关于你感兴趣的事情，你知道哪些人在这方面做得很棒？你觉得他们是如何做到的？这对他们有何意义？”对中学阶段的孩子，父母可以问：“你想为世界做出什么样的贡献？你希望自己的力量能影响到哪些人？你将把你的天赋、热情、兴趣放在哪些领域？”

此外，父母还要多维度引导孩子找准自己的定位。例如，引导孩子全面地认识自己：“我能看出来这件事儿对你很重要，你如何看待这件事儿与某个职业相交的兴趣和技能？”又如，引导孩子不断完善自我：“你认为你现在还需要在哪些方面努力才能实现你的人生理想？”再如，激发孩子的内在动力：“想一想，你过去做的事情将会对你的未来产生什么影响？”当孩子思索自己的目标时，父母要做到真正倾听他们的声音，并用长远的眼光鼓励孩子积极思考，同时引导孩子向着自己的目标去努力。

2. 帮助孩子将大目标分解

人生好比马拉松比赛，学会分解目标，将目标具体化，更容易实现目标，到达光辉的终点。小目标是大目标的条件，大目标是小目标的结果，小目标全部都实现了，大目标的实现也就水到渠成了。比如，孩子要实现暑假读完“四大名著”这个目标，就可以将目标分解为10天读完一部名著，每天看完50页这样的小目标，这样只要孩子坚持每天花2个小时看书，暑假结束了也就读完了“四大名著”。这就是“大目标小步走”的策略要义。这样做不仅能实现大目标，还不会在实现大目标的过程中产生畏难情绪。

父母还要帮助孩子将远期目标分解成近期目标，并协助孩子做好行动计划，这样才能避免半途而废。可以和孩子一起分析，采取什么行动可以更好地帮助他达到目标，什么人或事物能帮助他达到目标？怎样做？有什么障碍？如何克服它们？例如，如果孩子的目标是设计制作漫画，那么就要按部就班地学习图形艺术、文学、计算机绘图、心理学、逻辑学、写作等相关领域的知识与技能；如果孩子的目标是做电台主持人，就需要加强说唱、演讲、辩论等知识和能力的学习与训练。

3. 鼓励孩子坚持以达成目标

如果孩子在努力实现目标的过程中能够及时得到父母的认同，体验成功的快乐，孩子就会树立起自信心，不会轻言放弃。因此，父母要对孩子前进中的每一个小步都给予鼓励和肯定。告诉孩子，他为实现目标所做的努力都是正确的。这样孩子就会充满信心，不断向下一个目标前进，直至实现最终目标。此外，父母还要和孩子定期沟通，及时根据实际情况调整计划或策略，以便更好地实现目标。

育儿行动

运用目标效应，需要父母帮助孩子树立远大理想和近期目标。

第一，和孩子一起确定目标，并把目标标语张贴在房间的显著位置。每天孩子出门前，对他说："孩子，请记住你的梦想！努力就一定会成功！"

第二，定期和孩子一起回顾最近一段时间为实现目标而做出的努力以及所取得的成绩，对已达成的小目标做一个"√"的标记，并制订下一阶段的具体计划。

·14·

鲶鱼效应：让孩子积极参与竞争

挪威人在海上捕得沙丁鱼后，如果能让它活着抵港，卖价就会比死鱼高好几倍。所以，渔民总是千方百计地想办法带活沙丁鱼回港。虽经种种努力，可大部分沙丁鱼还是在中途窒息而死。但是，有一只渔船总能成功地带活鱼回港。该船长严守成功秘密，直到他死后，人们打开他的鱼槽，发现只不过是多了一条鲶鱼。原来当鲶鱼被装入鱼槽后，由于环境陌生，它就会四处游动，而沙丁鱼发现这一异己分子后，也会紧张起来，加速游动，如此一来，沙丁鱼便活着到了港口。这就是鲶鱼效应。鲶鱼效应是指鲶鱼在搅动沙丁鱼生存环境的同时，也激活了沙丁鱼的求生能力。

鲶鱼如一方投水之石，击破了平静而死寂的潭水，漾起了圈圈扩展的涟漪，为懒得动的沙丁鱼群注入了蓬勃向上的动力；鲶鱼似一针兴奋剂，神奇般地显示了强大的外驱力，调动了沙丁鱼蛰伏的潜能，获得了既在情理之外又在意料之中的奇效，不失为一副整饬懒散、激励后进的灵丹妙方。这个故事告诉我们，竞争中产生的适度紧张可以激发内在的活力，人们身上蕴藏着的巨大潜能就能够被释放出来。

效应启迪

当今社会，竞争越来越激烈，父母越来越认识到从小培养孩子的竞争

意识和竞争能力的重要性。让孩子学会竞争、培养孩子的竞争意识和能力已成为当前家庭教育的重要部分。因为良性的、有益的竞争能促进孩子不断前进，不断提高和超越自己。它就像一个强有力的推动器，让孩子释放自己最大的潜能，取得更大的进步和成就。当然，过大的、恶性的竞争不仅收不到良好的效果，反而物极必反，让孩子心生恐惧，望而却步。正如一个鱼槽中只放一条鲶鱼，而不是多条。竞争也需要适度。

现在孩子的家庭物质条件比较优越，爷爷、奶奶关爱备至，父母也非常疼爱。这使得很多孩子养成了“衣来伸手，饭来张口”的不良习惯，孩子上学、放学都有专车接送，不用多走一步路，甚至连书包都是爷爷、奶奶或者父母帮忙背的。然而，就像沙丁鱼在没有危险、温暖的鱼槽里安逸地游动，最终经不起长途运输窒息而死一样。从小在父母无微不至呵护下长大的孩子，生性慵懒柔弱，没有活力，经不起一点儿打击，缺乏竞争的动力与激情。不难想象，当这样的孩子未来走上竞争激烈的社会时，肯定会因能力不足而被社会淘汰。到那个时候，恐怕父母也无回天之术了。因此，父母要学会运用鲶鱼效应，不能一味地让孩子生活在过于舒适安逸的环境中，使孩子丧失竞争力，更不能因溺爱而扼杀了孩子独立生活的能力。

运用建议

要激发孩子的竞争活力，鲶鱼效应的作用不可低估。

1. 给孩子找一个合适的“对手”

如何培养孩子的竞争意识？鲶鱼效应告诉我们，可以帮孩子找一个合适的“对手”，让孩子处于一个竞争而非安逸的环境中，培养孩子积极的竞争意识，孩子才能充分发挥自己的潜能，在竞争中立于不败之地。其实，每个人都有一种追求优秀的欲望，它推动人们在人群中发现自己的不足，努力弥补自己的不足，发愤图强，超越别人，获得成功。因此，父母只要善于利用这条规律，就能有效地激起孩子的竞争行为，培养孩子的竞争意识。

给孩子找一个“对手”，这个“对手”相当于一条鲶鱼。这样做就是运用比较的方法，使孩子看到自己与其他人的差距。只有看到差距，才会有弥补差距的愿望，否则，孩子就不知道往哪个方面去努力。找出差距后，父母可以使用激将法、鼓励法等方法引导孩子去努力。需要注意的是，父母在为孩子选择“对手”时，目标不要太高，不要每次都盯着第一名或佼佼者。如果孩子与竞争对手的差距太大，孩子很容易产生望而生畏、高不可攀的心理，从而丧失竞争的勇气。因此，父母要根据“跳一跳够得着”的策略为孩子找“对手”。例如，孩子的学业成绩基本上停留在70分左右，如果对手成绩90分以上，这样差距就太大，“够不着”反而给孩子挫败感。如果对手成绩80分，这样的“对手”正适合。

2. 鼓励孩子积极参与良性竞争

在竞争中，无论“对手”还是自己都会变得越来越优秀，这样的竞争是良性的竞争；而恶性竞争就是在竞争中相互贬低对方，让双方陷入困局之中，甚至不择手段以打败对方为目的。只有良性的、有益的竞争才能促进孩子的能力不断增长。它就像一个强有力的推动器，推动孩子在各方面有更好的表现，促使孩子对自己提出更高的要求，取得更大的成就，这样的生活更加丰富多彩。因此，父母要多鼓励孩子参与良性的、公平的竞争，让孩子树立“机会面前人人平等”的意识，还要有敢于竞争的勇气和信心，不要嫉妒和贬低别人。这样才能培养孩子奋发向上、开拓进取的精神和为人处世的能力，从而提高孩子的整体素质。

3. 正确评价孩子在竞争中的表现

当孩子积极地参与竞争时，父母也要多激励孩子，找准时机对孩子的良好表现进行鼓励。例如，“你参加球赛后，我发现通过竞赛你的球艺更棒

了！”“你参加作文大赛后，长进真不小！”等。这样，孩子的进取心、自信心就会更强，将来孩子也更乐于参与竞争。

而在孩子面对竞争“临阵脱逃”时，父母可以引导孩子：“凡事只有尝试了、努力了，才可能获得成功；不去参与、不努力，又如何能够有成功的机会呢？”尽量避免对孩子说类似“你看别人都能做得到，你怎么就做不到呢？”这类消极的语言。

育儿行动

运用鲶鱼效应，要求父母鼓励孩子积极地参与公平的、良性的竞争。

第一，有意识地给孩子寻找一两个比较熟悉的孩子，而且是在不同方面水平比自己的孩子略高一筹的孩子作为竞争对手，激发孩子赶超的信心和勇气。当孩子通过努力已经超过竞争对手时，要给孩子选择新的竞争对手，这样孩子就有了不断前进的动力。

第二，多与孩子交谈，告诉孩子要感恩竞争、感恩对手，因为竞争才能促进自己进步和发展，不要让孩子滋生对竞争对手的敌意。

· 15 ·

边际效应：育儿中的多与少有讲究

边际效应是指当其他投入固定不变时，连续地增加某一种投入，新增的产出或收益反而会逐渐减少。它在经济学中叫“边际效益递减”，在社会学中叫“剥夺与满足命题”。社会学家霍曼斯提出：“一个人在近期内重复获得相同报酬的次数越多，对此报酬的追加部分产生的满足感和价值感就越小。”举一个通俗的例子，当你肚子饿的时候，吃第一碗面条感觉特别好吃，接着你继续吃第二碗、第三碗……但是后面这几碗面条给你带来的满足感会越来越小，直到你吃撑了，如果还有几碗面条在你面前，可能会让你觉得开始恶心了。

效应启迪

边际效应告诉我们：享受同一种东西给我们带来的满足感和效用，会随着重复次数的增加而不断降低，越到最后，其效用就越低。在生活中，边际效应递减的例子比比皆是，诸如运动过多不好、睡觉过多不好、饮食过多不好、表扬过多不好、过度学习也不好，等等。换言之，我们第一次接触某事物时的情感体验最为强烈，但随着重复接触次数增加，情感体验将逐步趋向乏味。人们都向往假期的美好，每到假期快结束时总是诸多留恋。然而，在

2020年春节，受到疫情的影响，寒假变得格外漫长。宅家战“疫”的人们每天除了吃饭、睡觉，就是玩手机，很多生活规律被打乱，甚至日夜颠倒。人们逐渐开始吐槽居家生活的无聊与不健康，在微博和朋友圈都能看到不少人发出“我想上班”的感慨。正如边际效应提示的那样，假期太多也不一定是件好事儿。

曾有人说：“龙肉吃多了也有厌的时候。”虽是玩笑，道理却不假。东西再好，也不代表越多越好。多与少有讲究。何谓多？何谓少？因人而异、因事而异、因境而异，不同的人在不同的环境中面对不同的事儿，其多与少的接受程度是不一样的。正如有些人被批评一句就受不了，觉得特别委屈；而有些人被批评十句依然无动于衷当作“耳边风”。因此，在教育孩子的过程中一定要深入了解孩子的需要和可接受程度，有的放矢地给予适量的教育，才能收到恰到好处又触动心弦的效果。当然多与少是相对而言的，但也不能说没有规律可循。例如，工作一周累了，周末想睡个懒觉是可以的，但如果一天24小时睡了16小时，不仅不能恢复体力，反而更加精神不振。因为一个成年人一天的充足睡眠时间约为8小时，虽然比较疲倦时需要多睡一会儿，但睡16小时明显过量了，反而对身体不好。所以，多与少也是有规律可循的。

边际效应还告诉我们，“第一次”是最美好的，产生的价值和收益是最高的，后面重复的多次价值和效益是递减的。这也是我们经常说的审美疲劳，所以在家庭建设和家庭教育中要注意避免，可以时不时地在家庭中创造“小惊喜”“小确幸”“小礼物”等生活情趣，发挥边际效应的正向作用，增强家庭生活的幸福感。

运用建议

1. 生活有规律是多与少最好的讲究

理解了边际效应后，就不难明白，如果生活没有规律，过多睡觉、过多吃肉、过多吃零食、过多吃补品、过多运动、过多看电视或玩手机，等等，都有损身心健康。即使是遇到疫情需要“宅”在家里，也应该保持良好的生活规律，不能没有节制地放纵自己，尤其是青少年，保持生活有节奏有规律，才有助于抗击疫情和身心健康发展。

父母可以和孩子一起制订计划，合理安排学习和生活，保证饮食睡眠规律。计划可以详细一些，具体到时间的多少和量的大小。比如，每天固定在晚上10点左右睡觉，第二天早上7点左右起床。三餐定时定量，不暴饮暴食，保持合理的膳食结构，粗细搭配，荤素适当，多吃水果，多喝水，甚至可以具体到每天喝几杯水。根据孩子的不同情况，灵活地制定相应的时间表或计划表。

切记要把坚持锻炼身体也写进每天的时间表中，可以安排在早上或傍晚。如果不能参与户外运动，可以在室内进行一些形式简单的锻炼，如健身操、俯卧撑、仰卧起坐、深蹲等，既可以增加趣味性，又能提升代谢率。空间允许的话，还可以进行跳绳、爬楼梯等体育活动。此外，父母也可以鼓励孩子去钻研一件事情，或学习一项技能，并享受其过程。比如，研究进阶魔方、挑战比较难的手工、学做蛋糕，等等，让孩子找到自己喜欢的事情，并专注地完成它。

不管是“宅”家抗疫期间还是平常生活，父母都要讲究育儿中的多与少，都要把握一个度，依据身心发展规律和孩子个体的感受，适度就是最好的。

2. 能力发展要均衡

“不怕同桌是学霸，就怕学霸放暑假”。为了不让孩子输在寒暑假，有些父母逼孩子参加各种补习班，少则参加一两个，多则五六个，把假期当学期。过重的学习负担，不仅影响孩子身心健康，也可能导致孩子厌学，得不偿失。有些父母给孩子额外布置作业，买一堆名校习题回家让孩子做，认为只要做题多，考试就能过。孩子做得苦不堪言，开始各种逃避或反抗，有些叛逆的孩子，干脆连学校布置的作业也不做。其实，作业或练习是为了帮助理解和消化知识，只要孩子能跟上学校老师布置的作业任务，做到温故知新就可以了。心理学研究表明，过量练习不仅不利于帮助理解，还会出现反作用。如果父母想督促孩子学习，适当过量就可以，一般过量50%是最好的。例如，学习一首古诗，读四次就能背了，那么过量50%就是记住之后再读两次，可以记得更牢，但如果次数很多就弊大于利了。

而且，边际效应表明，当孩子的学习或成绩达到一定高度时，如果再继续投入更多时间和精力，只能获得很少的成绩提高，边际收益低于为了获得这些收益所付出的成本。这时候，一方面要保持成本和收益的平衡，也就是继续为保持成绩付出适当的努力，如过量50%；另一方面要让边际收益最大化，就是将多出的时间和精力投入其他学习，如参加体育运动锻炼身体，参加社团活动锻炼社交与合作能力，通过唱歌、画画、弹琴等兴趣爱好增加艺术素养，等等。这些能力的提升将会提高孩子的综合素质，促进孩子全面发展。特别是在义务教育阶段更应如此。

3. 家校沟通适时适量

孩子上学后，虽然主要学习场所在学校，但是对孩子的教育不能只依靠学校，家庭和学校应形成教育合力。良好的家校沟通有利于家长和老师更加全面地了解孩子，这样才能根据孩子的实际进行有效教育。有些家长不敢找老师，怕麻烦老师，其实大可不必，老师都非常乐意家长主动联系反馈孩子情况。很多老师建立了家校联系的微信群，家长可以和老师建立常态的联系，这样才能实现家校合作共育，保证孩子健康成长。也有些家长经常在群里@老师，不管是在什么时间，想到什么就问什么，甚至连添衣、喝水这样的生活自理细节也要老师“照顾”，导致工作时间老师的微信“叮咚”地响个不停，短信有十几条，未接电话也好几个。这样做明显是多了、过了。家长关心孩子在学校的情况无可厚非，但是过于频繁的沟通给老师带来负担，既干扰了老师的正常工作，也破坏了微信群的正常运作，还不利于孩子独立生活能力的培养。更何况，由于课堂上不允许老师带手机，老师经常不能及时一一回复，于是有些家长就埋怨老师，反而导致家校矛盾。

因此，家长和老师联系时应注意频率和方式，多并不一定好。一般一个月联系一两次比较合适。除非紧急情况，家长尽量不要在上班时间主动打电话给老师，以免干扰老师的工作。如果家长希望和老师交流，可以留言问一下老师什么时候方便，约定了时间再详细交流。给老师发信息、打电话时尽量简明扼要，省去不必要的寒暄，节省双方的时间，如果需要详细聊可以和老师约定时间并按时前往学校面谈，这样的沟通会更有针对性和高效。

育儿行动

父母和孩子一起讨论周末或假期时间表，并绘制成表格，贴在孩子能经常看到的地方，引导孩子按时间表培养良好的学习生活习惯。

时间	项目	具体要求

· 16 ·

酸葡萄效应：读懂孩子心思

在伊索寓言中有个《狐狸与葡萄》的故事，一只狐狸很想得到已经熟透了的葡萄，它不够高，跳起来，又跳起来，再跳起来……想吃葡萄而又够不着。这时狐狸该怎么办呢？若是一个劲儿地跳下去，就是累死也还是够不着那葡萄。于是，狐狸说："反正这葡萄是酸的。"言外之意是反正那葡萄是酸的，即使跳得够高，摘到也还是不能吃，这样，狐狸也就"心安理得"地走开了。

这就是著名的"吃不到葡萄就说葡萄是酸"的酸葡萄效应，它是指由于自己真正的需求无法得到满足而产生挫折感时，为了解除内心不安，编造一些理由自我安慰，以消除紧张，减轻压力，使自己从不满、不安等消极心理状态中解脱出来，保护自己免受伤害。这也就是俗话所说的"阿Q精神"。

效应启迪

说起酸葡萄效应，就不得不提其孪生姐妹甜柠檬效应。酸葡萄效应是一种心理防御机制，当一个人的行为不符合社会价值标准或未达到所追求的目标时，人们为了减少或免除因挫折而产生的焦虑，保持自尊，往往会给自己不合理的行为赋予一种合理的解释，使自己能接受现实。甜柠檬效应恰好相反，指有的人们得不到葡萄，而自己只有柠檬，就说柠檬是甜的，这种不说自己达不到的目标或得不到的东西不好，却百般强调，凡是自己认定的较低的目标或自己已有的东西都是好的，借此减轻内心的失落和痛苦的心理现象。酸葡萄效应是把所追求的目标价值变低，而甜柠檬效应是把已实现的目标价值提高。

酸葡萄效应和甜柠檬效应在日常生活中是较为常见的心理现象。例如，有的人坐车遗漏钱包，损失惨重，他便安慰自己说“破财挡灾”；有的人没有争取到升职机会，心有不甘，他安慰自己说“职位越高责任越大，累坏身体不划算，不升还多点儿自由时间”；没有考取理想高中的学生，心有遗憾，但对家人说“那所学校管得松，离家还很远，不如现在这所好”……无论是酸酸葡萄效应还是甜柠檬效应，都是心理防御机制中合理化作用的典型表现。究其实质是用似是而非的理由来证明行动的合理性，掩饰个人的错误或失败，以保持内心的安宁。应该给予肯定的是，这种“合理化作用”具有明显的积极教育意义，帮助人清楚地认识到自己的努力与追求的目标之间的差距，在珍惜目前所拥有的基础上调整自己的追求目标，而不至于总是挫败。尤其是好胜心过强的人受到挫折后，适当地应用酸葡萄效应和甜橙效应能减轻心理压力，减少攻击性冲动和攻击性行为产生的可能，既保护了自己又提醒了自己。但是，也必须清楚地认识到酸葡萄效应和甜柠檬效应的消极意义。如果一个人总是为自己的失误和挫败寻找借口，明知自己的缺点和问题，却不能正面、理性地面对，反以自我安慰的方式为自己解脱，这最终无助于问题的解决，还可能会导致个体萎靡不振，形成自卑、退缩的意识和行为习惯。久而久之，这种心理容易导致个人失去奋进意识和正面看待事物的思维习惯。

在家庭生活中，孩子有些时候说“反话”来控制自己的需求，可能会感受好一些，可能过后会反悔，也有可能干脆不努力了。父母可通过该酸葡萄效应和甜橙效应读懂孩子的心思，培养孩子乐观、自信、坚毅的性格。

对于孩子合理解释不合理化的行为，读懂孩子的心思，给予其正确引导，需要辩证运用酸葡萄效应和甜柠檬效应。

1. 悦纳孩子，也引导孩子悦纳自己

孩子是上天送给父母最好的礼物，是夫妻两人爱情的结晶，是家庭的未来和希望，父母没有理由不喜欢自己的孩子。父母的悦纳是每个孩子内心最大的渴望和自爱、自信、自尊的源泉。没有一个孩子是完美的，无论孩子相貌美丑、能力高低、听话还是调皮，父母都应该愉快地接纳，为孩子身心健康成长营造温馨和谐的家庭环境。父母对孩子悦纳，孩子必然会感受到这份欣赏、包容和接纳，内心是安全的、有归属感和价值感的。即使遇到能力有限而不能达到目标的情况，孩子也会运用酸葡萄效应和甜柠檬效应的积极面来调动积极的自我心理防御，调整情绪，减轻压力，进而调整自己的目标，越挫越勇。这样的孩子心态是阳光的、自信的。

但是现实生活中，常常会出现父母对孩子不满、难以悦纳孩子的情况，最常见的是希望孩子按照自己的要求成长。这样的父母一般有两种类型：一种是成功型的家人。因为自己是成功的，为了维护脸面，他们总是盯着孩子的弱点，对孩子的表现不满意，希望孩子表现得更好。另一种是失败型的家长。他们因为自己的失败，就把希望寄托在孩子身上，所以总是不满足于孩子的现实水平，要求孩子表现更好，以寻求对自己失败的慰藉。在父母不接纳的家庭氛围下成长的孩子，由于自身的能力和父母的期待相差太远，无论怎么样努力“跳一跳”，还是“够不着”，容易出现焦虑的情绪、产生自卑的心理，孩子为了自己的自尊，也为了让内心安宁一些，这样酸葡萄效应和甜柠檬效应的消极意义就产生了。因此，在家庭教育中，父母不要吝惜对孩子的肯定和赞美，不要挖苦孩子的短处，不要拿“别人家的孩子”来比较，让孩子切身感受到父母为他感到骄傲。

2. 读懂孩子的心思，让孩子的努力“被看见”

孩子“说反话”到底是“阿Q精神胜利法”还是“见不得别人比我好”的嫉妒心理？这个时候，需要父母透过孩子“说反话”的现象，读懂孩子的“话外音”，理解孩子内心世界的本质，进而采取不同的教育引导方法。

例如，当孩子为了一次选拔面试没有发挥好，错失了参加管弦乐团夏令营特训的机会，表面上孩子会不以为然地说：“这个夏令营要去北京，花好几千块钱，太贵了，我不稀罕。”这时，父母要看到孩子平时对管弦乐的喜爱和努力，从中读出孩子“我不稀罕”背后的“酸葡萄心理”：其实孩子还是非常希望参加的，这只是一个自我安慰而已。父母不要拆穿孩子的内心想法，而要先认同孩子的想法，与孩子共情，然后鼓励孩子调整目标，与孩子形成共识：虽然去不了北京参加夏令营，但刚好可以用这两周的时间，花更加实在的费用，找一位音乐学院的专业老师一对一训练，说不定比去夏令营的收获更大。这样理解孩子，肯定了孩子的努力，既保护了孩子的自尊，又有利于孩子的情绪调节，减轻孩子产生的“选拔失败”的心理压力。同时，让孩子学会，有时候放弃也是不错的选择，但也要注意防止孩子用“甜柠檬”为借口，安于现状，不思进取。

3. 读懂孩子的心思，引导孩子避免因防御过度产生嫉妒心理

有时候，孩子“说反话”的频率明显增加，对象也有一定的指向性，或者遇到困难喜欢通过“说反话”来为自己解脱，这个时候父母应该及时纠正孩子的心理偏差，和孩子耐心分析真正的原因在哪里，帮助孩子全面、合理地认识自己，看清自己和别人的差距，不要自欺欺人。

例如，当孩子近段时间学习确实有所松懈，各科考试排名靠后，孩子把考低分归咎为“我没有考好，是因为老师不会欣赏我的作文”“我最近运气太差了，其他同学运气比我好”“老师不给我打高分，是因为其他同学会‘拍马屁’或‘其他同学是作弊的’”时，父母要引导孩子：如果自己不努力，又见不得别人好，总是去“酸”别人，那么其他优秀的人都会变成你

的假想敌，你自己也得不到任何的提高。因此，我们要承认别人的优秀之处，学会欣赏他人，对别人的收获表示祝贺和赞美，虚心向比自己优秀的人学习，养成谦卑的品格，行动上踏踏实实下功夫，把嫉妒心理化作前进的动力。

育儿行动

运用酸葡萄效应和甜柠檬效应，要求父母读懂孩子的心思，少比较、多鼓励。

第一，当父母认识到孩子为之努力的目标是因孩子自身明显的短板而达不到的时候，父母应引导孩子运用酸葡萄效应和甜柠檬效应减轻压力，寻找更多选择。例如，孩子的语、数、英基础不好，但很想读普通高中却没有考上，正在苦恼时，父母可以教会孩子自我安慰：读普通高中基础不好也上不了重点大学，读得还非常吃力，还不如读中职学校，既能学习技术，也能参加高考，途径还更多。

第二，当父母发现孩子说话习惯“酸”别人时，父母要引导孩子看到别人的优点，学会欣赏别人，鼓励孩子通过自己的努力不断提升自己。

·17·

蝴蝶效应：要善于抓住教育契机

1960年，美国麻省理工学院气象学家爱德华·洛伦兹为了提高天气预报的准确性，用电脑制作了模拟程序，惊奇地发现用方程式的中间简化值0.506和精确值0.506127算出的最终值的差异竟然是巨大的。洛伦兹经过数次研究后得出结论：一个微小的误差随着不断推移会造成巨大的差异。同理，在事物的发展过程中，如果初始条件发生了细微的变化，也可能引起结果的极大差异，导致整个系统巨大的连锁反应。

洛伦兹用一个形象的比喻来表达这个发现：一只小小的蝴蝶在巴西上空振动翅膀，它煽动起来的小小漩涡与其他气流汇合，可能在一个月后的美国得克萨斯州引起一场风暴。这就是“蝴蝶效应”。它的本质是：任何一个微小的事物都可能引起一场巨大的变化；一些看似微不足道的小事儿，也能以某种方式对全局产生不同程度的影响。

效应启迪

蝴蝶效应广泛存在于生活中。例如，夫妻之间一开始出现矛盾，虽然矛盾不大，但是双方没有及时沟通和解决，这个矛盾可能就在彼此心中生根发芽，随着时间慢慢发酵，最终可能在某个情境下爆发出来，导致一发不可

收拾的状况。也可能是一个自信心不足的孩子，一个偶然的机会，得到了老师的一句赞扬或肯定，从此打开了另外一扇通往崭新世界的大门，慢慢地走向阳光自信。运用好蝴蝶效应，可以帮助我们关注到生活中的契机或“节骨眼”，找到问题转变的关键，从而对将来产生不可估量的积极影响。运用得不好，有时候甚至会出现“失之毫厘，谬以千里”的结果，或是过分担心一些小事对将来的影响，约束了自己能力的发挥。“丢失一个钉子，坏了一只蹄铁；坏了一只蹄铁，折了一匹战马；折了一匹战马，伤了一位骑士；伤了一位骑士，输了一场战斗；输了一场战斗，亡了一个帝国。”这是一首西方的民谣，形象地解释了蝴蝶效应在生活中有多大的影响。

在家庭教育中，蝴蝶效应也有着不可估量的影响。例如，孩子一个不良行为在刚刚萌芽的时候，父母抱着得过且过、树大自然直的心态，没有给予足够的重视和引导，以为是微小的事情，并不在意，那么这个不良行为有可能会发酵，成为蝴蝶翅膀，演变成不良习惯，最后很难纠正甚至影响孩子的正常发展。反之，如果在孩子一些行为刚刚出现的时候，父母能够给予及时的关注，对不良行为给予正确的引导，对好的行为给予及时强化，善于抓住教育的契机，就能帮助孩子养成良好的习惯，促进孩子健全人格的形成。

发挥蝴蝶效应的正面影响，父母应该如何做呢？

1. 小错必究——教育孩子，从细微小事开始

孩子的教育永远无小事，但是孩子的教育却体现在日常生活的小事之中。罗马不是一天建成的，一个孩子良好习惯的养成，健全人格的形成，都是从一点一滴的琐事之中慢慢地积累起来的。

有些父母在孩子犯错的时候习惯睁一只眼闭一只眼，并不在意，放任自

流，得过且过，甚至有的父母认为孩子大了就好了。其实，对于孩子来说再小的错，如果没有及时纠正，帮助孩子认识到自己的错误，没有进行适当引导，很容易引发蝴蝶效应，小问题变成大错误。谚语有云：“小时偷针，大时偷金。”小的时候偶然发现孩子有偷窃行为没有及时管教，继续下去很容易变成不良习惯，长大了可能会发展成违法乱纪的偷窃惯犯。

在成长的路上，孩子必然会犯错。当孩子犯错的时候，父母要尝试把犯错当作教育的契机，在发现错误后及时去提醒，和孩子进行有效的沟通，了解孩子内心的想法，告诉孩子自己的感受，并鼓励孩子勇敢面对错误和承担责任，这才是给孩子真正的爱和支持。

2. 看见星光——教育孩子，赞美要及时

教育家陶行知说：“你的教鞭下有瓦特，你的冷眼里有牛顿，你的讥笑中有爱迪生。你别忙着把他们赶跑。你可不要等到坐火轮、点电灯、学微积分，才认识他们是你当年的小学生。”父母也是孩子的老师，不能因为孩子从小调皮捣蛋、学业成绩不良就认定孩子不行，而应该在尊重和相信孩子的基础上，发现和抓住那只引发风暴的“蝴蝶翅膀”。所以，只要孩子有了点滴进步，父母就应该给予及时的关注和肯定，满足孩子的心理需求，帮助孩子体验到进步的愉悦，也就能像蝴蝶效应一般，对将来产生很深远的积极影响，就像一片微小的星光，被看见了，将来也能照亮一片土地。

千万别小看孩子的微小进步，特别是长期处于落后状态的孩子，其微小进步就是系统发展的关键节点，是那只振翅的蝴蝶。

3. 抓住关键——教育孩子，看到敏感期

每个孩子的成长都有自己的规律，也有自己成长过程中的敏感期。所谓敏感期，是指孩子在成长过程中受内在生命力的驱使，在某个时间段内，专心吸收环境中某一事物的特质，并不断重复实践的过程。不同阶段，孩子会出现不同的敏感期，当孩子出现敏感期时，父母要做到顺应孩子的发展，给

予足够的倾听与陪伴、理解与尊重，帮助孩子感受爱、安全感和自信，也给予孩子更多的时间和空间去体验，帮助孩子顺利渡过敏感期，并以更积极的姿态迎接下一个敏感期。这样孩子的成长就会健康快乐。

例如，在很多父母眼里都有“可怕的两岁”这种说法，其实是这个年龄段的孩子在自己能力发展的过程中寻求自我价值的一个过程，如果这个时候他想做的事情没有让他去做，他可能会大哭大闹。这就是一个敏感期，在这个时候如果父母在孩子做到了一些平时做不到的事情时给予肯定，在孩子因为一些事情做不到有情绪的时候能够给予及时的鼓励和包容，孩子会顺利度过两岁这一敏感期，寻找自我价值。父母这样做势必也如蝴蝶效应，孩子在敏感期的细小行为就如一只蝴蝶煽动了翅膀，在一系列连锁反应的推动下，将对他未来的道德意识和独立精神，以及世界观、人生观、价值观养成产生至关重要的作用，甚至引发人生的风暴。这也是敏感期理论告诉我们的道理：抓住了发展的敏感期，教育就会事半功倍；错失了发展的敏感期，教育就会事倍功半。

育儿行动

运用蝴蝶效应，孩子的每一次大胆的尝试、每一个灿烂的微笑、每一种积极的态度，都可以成为其生命中意想不到的起点，教育孩子，要从小事开始，它可能成为改变孩子人生的蝴蝶效应。

第一，每天给孩子一句赞美，如“孩子，你今天帮妈妈分担了家务，爸爸妈妈觉得很欣慰”。

第二，每天和孩子互相分享今天的小确幸（微小而确实的幸福），让好心情也像蝴蝶效应一样，感染你身边的每一个人。

·18·

自我选择效应：让孩子为自己的成长负责

有这么一则故事：三个人要被关进监狱三年，监狱长答应满足他们每人一个要求。美国人爱抽雪茄，要了三箱雪茄；法国人最浪漫，要了一个美丽的女子相伴；犹太人却要了一部能与外界联系的电话。三年后，美国人依然带着三箱雪茄走出来，因为没有火；法国人带着老婆孩子走出来；犹太人激动地走出来，对监狱长说："因为有了电话，我的生意不仅没有受到影响，反而增长了200%，为表示感谢，我送你一辆小汽车！"什么样的选择决定什么样的生活，今天的生活是由几年前的选择决定的，而今天的选择将决定几年后的生活。所谓自我选择效应，指的是一旦人选择了某一道路，就存在沿这条路走下去的惯性并且不断自我强化。

效应启迪

选择对人的一生来说非常重要，特别是面对中考、高考、就业、择偶等重大选择时更加起到了举足轻重的作用，甚至一招不慎，满盘皆输。因为人生不可重来，逝去的光阴不能倒流。所以，选择要慎重。因此，不少父母不断地为孩子的成长选择，认为这样才是对孩子好，为孩子负责。可是，人生就是选择的总和，不管是否愿意，每个人几乎每天都要面临大大小小的选择。这意味着培养自主选择能力的重要，如果孩子从小在父母的保护下，丧失了自主选择

能力，那么，父母是为孩子好还是害了孩子？自我选择效应告诉我们，孩子的成长，父母无法代替，父母要从小给孩子选择的机会，既让孩子对自己的成长负责，又培养孩子的自主选择能力。当然，让孩子自主选择并不是“放羊”不管，而是在孩子选择的过程中参与、指导，当好孩子的得力助手和参谋。

然而在现实生活中，很多孩子没有选择的机会，他们的一切几乎被父母包办了。就连早餐吃什么，吃多少，什么时间吃，每天要穿什么衣服，穿什么鞋子，什么时间可以玩，具体玩什么，课余时间要参加什么兴趣班，去哪里学，和谁一起学……这一切都由父母说了算，而孩子则成为选择的“奴隶”，自己想做的做不了，不喜欢的却要勉强去做。

选择是孩子的权利，同时也是孩子自主性发展的需要。不少父母认为，孩子太小，不会选择。不可否认，孩子无论在生活经验上，还是思想认识上，和父母比较都还不成熟，因此，在很多方面需要父母的引导。但是孩子年龄再小，也应有选择的权利。父母虽然是孩子的监护人，但不能事事都包办。父母要懂得放手，不要剥夺孩子选择的权利，很多事完全可以让孩子自己来决定，让孩子懂得自己是独立的个体。培养孩子的独立自主性，是给孩子最大的财富。

人的成长就是一个不断选择的过程，每个人的人生都是自己每一个选择的结果。我们不要害怕孩子选错，因为孩子只有自己选择才能对自己负责。而且在孩子的世界里，有些错误的选择也不会有太严重的后果，但是孩子一旦长大了或者成年了，错误的选择很可能影响甚至改变他的人生轨迹。所以父母要从小培养孩子学会独立判断和选择，并且为这个选择的结果负责。其实这个过程本身就是提高自主选择能力的过程。

运用建议

要充分发挥自我选择效应，让孩子为自己的成长负责，父母可以从三个方面入手。

1. 从生活小事开始放手让孩子选择

不少父母抱有这样一种思想：代替孩子选择，是为了让孩子在人生路上少走弯路，以便更快、更好地取得成功。然而，父母替孩子避开的风险，生活总会如数奉还；父母替孩子走过的路，孩子仍然需要自己重新走一遍。因为成长不可代替，父母不能照顾孩子一辈子，更长的路还是要由孩子自己去走，更多的时间还是要由孩子自己分配，更多的未来还是要靠孩子去寻找和创造。父母在孩子成长的路上只能陪一程，应该在这个陪伴的过程中鼓励和培养孩子的独立自主能力，而不是代替孩子选择，所以，父母要学会放手，让孩子拥有自我选择的机会和空间。如果怕孩子走弯路，可以从日常生活中的小事做起，这样就既能减少选择的风险，又能锻炼和提高孩子的自我选择能力。随着孩子能力的提高，父母就可以放手让孩子独立自主地选择更重要的事情。例如，可以从穿什么衣服，吃什么菜，家里物品如何摆放，去哪里玩、玩多长时间开始，逐步过渡到什么时候做作业，学习计划的制订，兴趣班的选择，周末的安排，等等，最后可以放手让孩子决定中考、高考志愿如何选择。在孩子选择的过程中，父母都可以这样鼓励孩子："那是你自己的事，你自己决定吧，不管你做出什么样的选择，爸爸、妈妈都会全力支持你的决定。"这样就能充分培养孩子独立自主的能力。

2. 让孩子为自己的选择负责

生活中处处有选择，大到职业选择、择偶选择，小到每天穿什么衣服，吃什么，选择之后就会产生相应的后果。一般而言，孩子对于自己的选择会产生一种强烈的责任心，并在责任心的驱使下，努力克服困难，最终走向成功。这也是自我选择效应"走下去的惯性并且不断自我强化"的道理所在。因此父母不要过多干涉孩子的选择，允许孩子走弯路，鼓励孩子勇于承担责任。例如，孩子自己提出要报书法兴趣班，但上了几次课觉得没意思就不愿意去了。这时父母就要告诉孩子，兴趣班是你自己选择的，无论过程如何艰辛，结局怎样，都要坚定地走下去，让孩子从小就知道自己选择的东西，一

旦决定，就要承担其相应的后果，要为自己的选择负责任。当然，如果孩子坚持了一段时间后，也发现孩子确实对这一方面没有兴趣。这时，不一定非要逼迫孩子继续坚持，可以引导孩子反思选择的过程，学习如何选择才能达到目标，怎样优化选择，从而提高孩子的自我选择能力。

让孩子为自己的选择负责，不仅可以有效地让孩子自觉地纠正错误行为，还可以避免父母用管教方式处罚孩子所带来的各种恶果。比如，孩子出去玩，和父母约好中午 12 点 30 分以前一定回来，可是孩子贪玩，晚了 30 分钟才回来。这时候父母没有责骂孩子，只是指了一下表，提醒孩子违反规则。饭后孩子催促父母去看电影，父母又指了一下表，轻声对孩子说："今天由于你违规，时间来不及了，电影是看不成了。"父母对孩子没有唠叨、没有训斥、没有惩罚，但是孩子流下了伤心的眼泪，从此学会了为自己的过失承担后果。然而，有些孩子选择错误，父母由于心疼孩子，害怕孩子遭罪，都是尽可能替孩子承担责任，甚至是庇护孩子。这种不让孩子为自己的选择负责的做法，将会导致孩子不断犯错，最终酿成大祸。

3. 与孩子一起做生涯规划

望子成龙是所有父母的愿望，不少父母热衷于给孩子做生涯规划，他们认为孩子是一张白纸，自己完全可以替孩子描绘设计未来。但孩子不是一张白纸，而是一颗独一无二的种子，父母能做的是为孩子提供适宜的土壤。因此父母要和孩子一起做生涯规划，而不是代替孩子。

一是要培养孩子的生涯规划意识。孩子从幼儿园开始就有很多梦想：（"我长大后要像爸爸那样当警察""我长大后要当宇航员""我长大后要当医生"……）而且这些梦想过一段时间就会发生变化。其实，这就是孩子的生涯规划意识，父母要趁机与孩子探讨不同职业的表现，为什么喜欢这样的职业，甚至还可以带孩子去职业工作场所体验，保护和培养孩子的生涯规划意识。慢慢长大孩子就会知道，只要科学合理地进行生涯规划，自己将来可以从事既能满足生存需要，又有兴趣，还能成就生命价值的工作。这样，孩子就能为自己的人生道路做出合理选择。

二是要帮助孩子全面认识自我，包括自己的兴趣、性格、能力、价值观等，这是生涯规划的重要基础。父母可以有意识、分阶段地和孩子探讨相关问题，如“我的兴趣是什么，我有哪些特长？我的性格适合做哪些职业？我想做的职业有哪些要求？我将来要成为什么样的人？”等。

三是要充分尊重孩子的选择，给孩子充足的自主选择空间。例如，在孩子报考大学志愿前，父母可以和孩子通过检索书籍报刊、浏览网络来了解各个高校的基本情况以及相关专业课程的开设情况。如果有条件的话，最好和孩子一起实地参观访问大学校园。最后综合考虑孩子的心理素质、学业水平、社会发展、职业要求和大学专业要求，给孩子一份全面、客观的建议，然后把决策权留给孩子，并尊重孩子的最终选择。

育儿行动

第一，在日常生活中，多听听孩子的想法，让孩子做出自己的选择，比如是先做完作业再玩，还是先玩半小时再做作业。

第二，在孩子做出一些不合理的选择时，如果这样的选择在预知内是没有“危险”的，任由孩子去选择，并让他承担选择的后果；如果这样的选择可能会有风险，就要跟孩子指出这个选择可能会导致哪些后果，在尊重孩子选择的同时，密切关注孩子的行为，一旦出现问题可以及时提供帮助，以免孩子受到伤害。

第三，有意识地带孩子参观大学、科研机构、律师事务所、派出所、飞机场、农场、工厂、电视台等地方，让孩子了解社会上各行各业的情况，对各种职业有直观的感受和体验。

·19·

巴纳姆效应：帮助孩子全面认识自己

1948年，心理学家伯伦特·福勒安排被试者做一份多项人格调查表之后，拿出两份人格测试的分析报告：其中一份是由被试者自己的答题结果形成的分析报告，另一份则是综合了大多数人的答题而形成的综合性分析报告。出乎意料的是，大多数被试者都认为后者更准确地表达了自己的人格特质。这个实验结果表明：在日常生活中，人们常常认为十分笼统的、一般的人格描述准确地揭示了自己的人格特征，即使这个人格描述显得十分空洞，但是人们还是愿意相信这就是自己的人格特征。正如美国马戏团艺人菲尼亚斯·泰勒·巴纳姆在评价自己的表演时所说的，他之所以很受欢迎，是因为节目中包含了每个人都喜欢的成分，所以他使得“每一分钟都有人上当受骗”。20世纪50年代，心理学家保罗·米尔就以菲尼亚斯·泰勒·巴纳姆的名字，将福勒的这一实验结果命名为巴纳姆效应，又叫福勒效应。

效应启迪

巴纳姆效应的出现反映了个体在进行自我知觉，即个体在了解自己的过程中更容易受到外界信息的暗示，从而出现自我知觉的偏差。的确，在日常生活中，我们既不可能每时每刻反省自己，也不可能总把自己放在局外人的位置来观察自己。正因为如此，个人只能借助外界信息来认识自己。这就导致个人在认识自我时很容易受外界信息的暗示，从而常常不能正确地知觉自己。其实，很早以前人们就已经意识到这个问题了。在2000多年以前，古希腊人就把“认识你自己”这5个字作为箴言刻在了德尔斐神庙的门柱上。中国的春秋时期，老子在《道德经》中也提到了“知人者智，自知者名”。可见，人有自知之明是十分重要的。因此，一定要努力做到客观真实地认识自己，尽量不要受巴纳姆效应的影响，尤其是警惕巴纳姆效应对自己的负面影响。

巴纳姆效应在家庭教育中普遍存在。不少父母从孩子小的时候就陷入巴纳姆效应的怪圈，看到别人家孩子学什么就让自家孩子学什么，看到别人家孩子什么方面优秀就想着把自家孩子在什么方面也培养得这么优秀，听到别人怎么评价自家孩子就根据别人的评价或得意地强化孩子的优点或努力去改掉孩子的缺点。这种种做法表面上看起来是从众心理作怪，其实是用外在普遍标准来培养孩子，让自己和孩子活在别人认为的样子里，缺乏对孩子的正确认识，也缺乏对孩子成长的自信。显然这是不对的，但不少父母还是会掉入巴纳姆效应的漩涡里，往往以别人的标准来代替自己的认知，希望把孩子培养成大家都喜欢的样子。特别是当孩子有所谓的“缺陷”时更加如此。例如，大家都喜欢积极阳光、开朗大方的孩子，但自家孩子就是内向、腼腆、沉默寡言，这时候几乎大多数父母都很懊恼，会想方设法地训练孩子，希望把孩子培养得更开朗。这可能是徒劳无功的，而且还不利于孩子的身心健康。其实，孩子性格真的内向，就一无是处吗？研究发现，性格内向沉默寡言的人逻辑思维强、自制力和责任心都会比一般人更强。为什么非要按社会普遍标准来改变这么好的优势呢？更何况，如果每个孩子都这样培养，那么培养出来的孩子差不多都是一个“模子”，不仅泯灭了孩子的个性，也可能导致人才培养的单一化，不能满足多元化社会发展的需要。

进入“二孩”时代，也要注意避免巴纳姆效应在“二孩”培养中的负面影响。正确认识两个孩子的个性特点，有的放矢地因材施教，不要把两个孩子的优点综合起来作为外在普遍标准来要求孩子，不能用这个孩子的优点来

补另一个孩子的缺点，要尊重孩子的个性发展，在遵循孩子身心发展规律的基础上，帮助孩子全面地认识自己，引导孩子成为更优秀的自己才是教育的根本。

运用建议

1. 全面了解孩子，不要误会孩子

生活中经常看到这样的父母，“你看别人家的孩子，比你成绩好，而且还听话，再看看你，你都会啥啊？”“你看看别人家的孩子，比你聪明多了，也没见人家骄傲过，你骄傲啥啊？”他们经常拿别人家的孩子与自己的孩子对比，只要自己的孩子比不过别人家的孩子，或者不符合所谓的普遍标准，他们就会对着孩子发脾气，这就是典型的巴纳姆效应在作怪。

怎样才能避免由于巴纳姆效应而误会甚至伤害自己的孩子呢？其一，要学会接纳自己的孩子。不管父母拥有怎样的孩子，都要懂得接纳。因为孩子有“缺陷”或者自己认为孩子有“缺陷”，就希望通过打骂来改变孩子，实际上这是不敢正视孩子的一种行为。要接纳孩子，就必须勇敢面对孩子的各种特点。永远不要用别人的眼光来看孩子，或让别人的评价来影响自己的情绪。其二，要培养收集信息的能力和敏锐的判断力。几乎没有人天生就拥有明智的判断力，实际上，判断力是建立在一定量的信息基础上的，没有足够的信息，很难做出明智的判断。因此父母应该从多个角度去了解、认识自己的孩子，倾听孩子的心声，以免产生不必要的误会。其三，要了解孩子的身心发展规律，树立正确的教育观念，用科学的理论武装自己的头脑，还要学会不断反省自己，把自己放在旁观者的位置去审视孩子和生活本身，这样就不容易受到外界信息的否定暗示，不人云亦云，也就不会让外界评价影响自己的情绪了。

2. 运用巴纳姆效应，让孩子积极接纳意见

进入青春期的孩子渐渐将自己的内心封闭起来，他们的内心生活丰富了，但表露于外的东西却少了，他们有时感到非常孤独和寂寞，特别想找人倾诉，但又总觉得别人都无法理解他，尤其认为父母和自己之间存在着无法跨越的鸿沟。怎样才能开启孩子的心门，走进孩子的内心？父母不妨借巴纳姆效应的东风，综合一下平时亲朋好友的孩子普遍出现的问题，找到普遍的共同点，然后和孩子来一段推心置腹的谈话，孩子就会“上当受骗”地认为父母理解自己，这样两者之间的心理距离也立刻拉近了，再深入做工作也就容易很多了。

每个孩子，不管他过去和现在怎么落后，但在其内心深处总是有着向上的思想，父母的一项重要责任在于帮助孩子点燃埋藏在心灵深处的希望之火。父母不妨利用巴纳姆效应，遵循孩子的心理特点，以辩证的、发展的眼光对孩子进行巴纳姆式的评价，激励其“我能行”的自信心，帮助孩子正确地认识自己，帮助孩子把自身潜在的积极心态与能量发挥出来。

3. 帮助孩子全面认识自己

孩子思想还不成熟，更容易被迷惑和接受暗示，出现自我认知的偏差。父母作为孩子的重要他人，要帮助孩子正确、全面地认识自己。一方面，父母要从小给孩子正确的态度和评价，因为孩子认识自己、对自己的评价首先来自父母，父母认为孩子可爱，孩子也会认为自己可爱，父母认为孩子学习懒散，孩子也会这样认为。所以，父母从小就要给孩子正面的、积极的、正确的、激励性评价，以激励优点为主，指出缺点为辅，让孩子正确认识自己的优缺点。另一方面，父母要引导孩子观察和反思自己在同伴、老师面前的表现，什么样的思想和行为得到他们的认可和赞扬，什么样的思想和行为他们不喜欢，从而客观看待自己的优缺点，正确认识自己。

当然，人是社会的动物，随着社会的快速发展，人也会变化发展，自己的优缺点也会发生改变，所以要告诉孩子保持不断进取的心态，与时俱进，不断发展自己、完善自己。这也是巴纳姆效应正面影响的意义所在。

育儿行动

借助巴纳姆效应，父母要有意识地帮助孩子全面认识自己。请与孩子一起填写下表，越详细越准确。

孩子眼中的自己	同学眼中的自己	老师眼中的自己	父母眼中的自己
1.			
2.			
……			

· 20 ·

蔡戈尼克效应：教育孩子做事有始有终

苏联心理学家和精神病专家蔡戈尼克曾设计了这样一个实验：她让被试者做22件简单的工作，比如写下一首喜欢的诗，从55倒数到17，把一些颜色和形状不同的珠子按一定的模式用线穿起来，等等。完成每件工作所需要的时间大致一样，一般为几分钟。在这些工作中，只有一半允许做完，另一半在没有做完时就受到阻止。允许做完和不允许做完的工作出现的顺序是随机排列的。做完实验后，在出乎被试者意料的情况下，立刻让他回忆做了22件什么工作。结果是未完成的工作平均可回忆68%，而已完成的工作只能回忆43%。也就是说，未完成的工作比已完成的工作让人记忆更加深刻。这种现象就叫蔡戈尼克效应。

效应启迪

蔡戈尼克效应在生活中十分常见，例如，电视连续剧总是在一集结束时故意留下悬念，吸引观众继续追着看下一集，而观众明明知道每天晚上电视台会播出免费的剧集，但还是愿意花钱充值会员一睹为快；考试时那几道不会做的题目总使得我们思索良久，而对大部分会做的题目早已忘得一干二净；让正在搭积木入迷的孩子马上坐到饭桌前是一件很困难的事情……这种

“未竟之事”让人产生的完成欲望几乎每个人都有，而且每个人都无法摆脱。在这个过程中也许我们并没有意识到，但是在意识的深层确实发生了。

蔡戈尼克认为这种效应是由完成任务的需要而引起的紧张状态所造成的。一个人当一件工作没有做完就受到阻止时，他的紧张状态还要持续一段时间，并产生想尽快完成的动机，促使他的思想指向于未完成的工作。

从心理学的角度来说，之所以产生这种效应是因为人们普遍有一种“完成意识”抑或称为“未完成意识”。完形心理学派就曾提出过“未完成情结”这个概念。他们认为，人具有一种认知闭合需求。简单来说，它指的是个体在面对不确定的情景时，有一种求知动机——“人总是希望能给问题找到一个明确的答案，不论是什么样的答案。因为与混乱与不确定相比，任何明确的答案都会让人们感受到认知上的舒适”。直观地说，就是当人们看到有小缺口的图形时，会条件反射地想去补全它，使之成为一个完整的图形。这样才会让心里舒服一些，不至于感觉别扭。这不是后天培养的，而是人们在很小的年龄就会表现出来的一种本能。

蔡戈尼克效应会让人走入两个极端：一是过分强迫，面对任务非得一气呵成，不完成便死抓着不放手，甚至偏执地将其他任何人任何事物置身事外；二是驱动力过弱，做任何事都拖延，时常半途而废，总是不能把一件事情完全完成后再转移目标，永远无法彻底地完成一件事情。

运用建议

既然蔡戈尼克效应是每个人都无法摆脱的、实实在在存在的效应，它既能让我们对未竟事情念念不忘，又能促使我们非常努力地、不达目的不罢休地去完成一件事情，还能让我们想半途而废放弃未竟事情时不断地转移目标，那么，在家庭教育中，我们如何运用这个效应培养孩子做事有始有终的习惯和帮助孩子树立“实在完成不了的留个念想也美好”的洒脱心态呢?

做事有始有终、有头有尾是良好的习惯。但有时迫于现实情况，不可能把事情一口气做完，也不能硬逼自己，也要学会放下，说不定过一段时间再做会更完美。这就是蔡戈尼克效应的奇妙作用。

1. 适当“留白”，让孩子完成任务的动力更大

智慧的老师在课堂上不会“满堂灌”，不会把所有的问题都一览无余地加以展示，而会留白，这种留白绝对不是“随意的空白”，而是刻意而为之，是在关键的地方稍微加以停顿、卖关子，以便给学生留有足够的思考和探索的空间。这种启发式的课堂教学才能激起学生的求知欲、激发学生的想象力和创造力。正如电视剧不能一下子全部放到大结局一样，要一集一集地播放。

智慧的父母也应该这样，无论是教授知识还是讲述做人的道理，不必滔滔不绝、唠唠叨叨，把一件事情翻来覆去讲了一遍又一遍，这样会让孩子产生厌烦抵触的情绪，不妨在关键的时候“戛然而止”“卖个关子”“留个悬念”，稍做停顿或者让孩子谈一下看法，这样孩子就会对知识，或道理，或某一件事产生浓厚的兴趣。一旦孩子的求知欲被激发，教育效果也就水到渠成了。例如，孩子贪玩儿，爱看电视不爱看书，父母如果不停地提醒、命令孩子快去看书，强调读书的重要性，孩子可能会左耳进右耳出。这个时候，父母可以捧着书本看，看着看着，故意夸张地发出笑声。孩子很是好奇，往往会跑过来询问怎么了。父母可以把故事的精彩之处讲给他听，讲到一半，故意停顿一会儿。孩子便着急地询问：“后来呢？后来怎样了？”这个时候，父母可以说：“可惜好多地方我都忘了，我得看看书再讲给你听。”如果孩子要抢来看，父母也要表现出“我也非常想看，别抢我的！”会更加激发孩子的阅读欲望，引导孩子看完一本又一本，孩子爱阅读的习惯就这样培养起来了。

2. 设定截止时间，培养孩子专注地“今日事今日毕”

不少父母抱怨孩子做作业时注意力不集中，拖拖拉拉、磨磨蹭蹭，甚至

半途而废，推迟到第二天才能完成，真是急死人，但又让人无可奈何。其实灵活运用蔡戈尼克效应能帮助孩子提高学习效率，今日事今日毕。父母首先要预估孩子注意力大概能集中多长时间，完成作业需要多长时间，中途可以让孩子做点其他什么事情。然后，把孩子的作业分解为一段一段的目标，分开时间完成不同的作业。还要准备一个闹钟，用来设定截止时间，鼓励孩子在给定的时间内有始有终地去执行。例如，孩子的注意力能够集中持续十分钟，而语文作业需要 30 分钟才能完成，那么，父母就可以与孩子约定，把语文作业分成三个部分完成：一部分抄写生字，一部分听写，一部分背诵。每一部分用闹钟设定 10 分钟，当闹钟响之前完成了任务，不仅满足了孩子的完成欲，让孩子感受完成后的愉悦，还给予大力表扬，强化了孩子的完成欲。此时，还要让孩子适当休息一下，以储蓄精力投入到下一个学习任务中。这样细分目标、截止时间，就能把事情一件一件完成，今日事今日毕，提高效率，不会拖拉。当然，如果闹钟响起时，孩子还没有完成任务，父母还要继续鼓励孩子去完成，强化孩子完成未竟事情的欲望。

3. 不随意打断孩子正在做的事情，保护孩子的专注力

良好的专注力是事业成功的重要保证。一般来说，学业优秀的孩子注意力集中的时间相对较长。父母要特别注意保护和培养孩子的注意力。但是，如果不懂蔡戈尼克效应，随意或无心打断正在专心致志做事的孩子，则容易造成孩子情绪不良和注意力不集中。这一点尤其是爷爷、奶奶或姥姥、姥爷容易好心办坏事。例如，孩子正在专心致志地搭积木，一会儿上下端详，一会儿挠头思考，一会儿自言自语，一会儿小手擦擦额头的汗珠，完全沉浸在建造童话城堡的快乐之中。这个时候，大人看到后怜爱之心油然而生，一会儿端水过去“宝宝要不要喝水”，一会儿拿汗巾过去“宝宝先擦擦汗”，一会儿拿苹果过去“宝宝先吃苹果”，无意中打断了专注的孩子。被中途打断的孩子，对自己的未竟事情欲罢不能，就容易发脾气，久而久之还容易养成注意力分散的不良习惯。

4. 引导孩子遇事不要固执，“放下”不等于放弃

不是每一个彼岸都能到达，也不是每一件事都能圆满。人生除了需要追求卓越的信念，也需要乐观豁达的心态。当孩子在为未竟事情而纠结，唉声叹气、念念不忘、惴惴不安的时候，父母要善于察言观色，用自己的人生经验，教育孩子学会放下“包袱”。父母可以及时引导孩子，先把困难放在一边，待时机成熟便会水到渠成，培养孩子豁达乐观的心态。例如，当孩子数学题解到一半，怎么冥思苦想也做不出来的时候，父母可以引导孩子暂停，换一个思路，先休息一会儿或运动一下，请教同学或老师，或放在一边冷处理，说不定会柳暗花明又一村。放下不等于放弃，放下是不固执、不钻牛角尖，是为了更好地起步积蓄力量。

育儿行动

运用蔡戈尼克效应，要求父母做事要有始有终，对错过的事情也能坦然面对，做好孩子的表率。

第一，当孩子问“十万个为什么”的时候，父母可以给孩子讲一部分，另外一部分对孩子说“记不大清楚了”，余下的鼓励孩子自己查阅资料，再教给父母。

第二，父母做好表率。做事既要善始善终，不半途而废；也要学会放下，乐观豁达；同时注意让孩子模仿；要启发孩子辩证地看待工作学习中的未竟事情。

· 21 ·

糖果效应：帮助孩子自立自强

1960 年，美国心理学家米卡尔曾做过一个“果汁软糖”实验：实验人员将一群 4 岁的孩子留在房间，发给他们每人一颗软糖，然后告诉他们：“我有事要出去一会儿，你们可以马上吃掉软糖，但如果谁能坚持到我回来的时候再吃，还能再得到一颗软糖。”

实验人员走后，孩子们表现出了两种状态：有些孩子比较冲动，实验者走后就迫不及待地把糖果吃掉了；有些孩子却坚持了下来，尽管等待的时间对他们来说显得那样漫长（其实只有 20 分钟），最后这些孩子又得到了一颗软糖。实验后，米卡尔对这些孩子进行了多年追踪调查。

结果发现，这些孩子在情绪与社会性方面的差异表现得非常明显。自制力强的孩子社会适应能力较强，较为自信，人际关系较好；在压力面前，不易崩溃、退却、紧张或乱了方寸，反而能够积极迎接挑战，不轻言放弃；他们最终也都成为各个行业的精英或是事业有成的人。而那些缺乏自制力的孩子却表现出了许多负面特征，如怯于与人接触，固执而优柔寡断，容易因挫折而丧失斗志，遇到压力容易退缩或者惊惶失措，容易怀疑、嫉妒或羡慕别人，易怒，常与人争斗，而且和小时候一样，不易压制立即得到满足的冲动。结果，他们大多事无所成、碌碌无为。

效应启迪

糖果效应也叫延迟满足效应，说明人与人之间的自我控制能力存在一定的差异。自我控制能力是个体在没有外界监督的情况下，适当地控制、调节自己的行为，抑制冲动、抵制诱惑，放弃即时满足，采取延迟满足的策略，坚持不懈地保证更有价值、更长远目标实现的一种综合能力。在我们的身边也常常遇到这样的情况：自我控制能力强的人能较好地安排自己的学习、生活、工作、健身、娱乐休闲等计划，并强有力地执行，效率也比较高。即使面对诱惑，也能管理好自己，不被周边的环境所干扰，专注于既定目标，自立自强，到达成功的彼岸。而自我控制能力弱的人容易得过且过，严重拖延，目标立了一个又一个，没有几个能达成，最终一事无成。例如，自我控制能力强的人，面对美食不会大吃大喝，坚持健身计划，从而保持良好的身材和健康的体魄。反之，自我控制能力不强的人，面对一些不良诱惑，容易“举手缴械”。社会上很多暴饮暴食、酗酒、吸毒等不良嗜好的人，往往就是自我控制能力差，从而偏离正常人生轨道。

自我控制能力是心理成熟的一种表现，完全是可以培养的，而且越小培养越有效果。糖果效应给我们的启示是：自我控制能力强或弱并不是孩子天生的，是后天通过延迟满足慢慢培养起来的。培养起来的自我控制能力会形成稳定的个性品质，这样的孩子更加独立自主、自立自强，终身受益。因此，父母要在孩子小的时候就要有意识地培养孩子的自我控制能力，让孩子有规则意识和边界意识，不能以“孩子小什么都不懂”而随着孩子的性子听之任之。

运用建议

要培养孩子良好的自我控制能力，使孩子自立自强，糖果效应的作用不可小觑。

1. 引导孩子“学会等待”

在孩子的成长过程中，父母要充分利用生活中的机会有意识地引导孩子“学会等待”。比如，告诉孩子“现在牛奶还很烫，要等凉了才能喝”“我知道你想玩秋千，但要排队，不能抢或推，等别的小朋友下来了你才可以玩”等。孩子在等待中延迟了满足，学会了控制冲动。可是，让孩子学会等待，是不是意味着无论什么情况下都故意延迟满足孩子的需求呢？答案是否定的。引导孩子“学会等待”不能一刀切，父母要先会区分孩子的基本需求和额外需求，对于基本需求，如吃喝拉撒睡玩等，父母应当给予满足，给孩子提供一个安全健康的成长环境，不能打着“训练延迟满足，提高控制能力”的旗号来剥夺孩子的安全感和信任感。例如，0～6个月的婴儿基本上处于自我中心的状态，期待着被照顾和满足。他们会用哭声以及很多的体态语言来让照顾者注意他们的需要，如微笑、瘪嘴、皱眉等。及时地喂养、抱持、换尿布，都能让宝宝的基本需求得到满足，培养孩子的安全感和归属感。绝不是有些年轻父母口耳相传的婴儿哭闹了不要马上去抱，要等一会儿，以此训练孩子的延迟满足能力。

而额外需求是指基本生理需求以外的需求，父母可以用来引导孩子学会等待。例如，孩子看到了心仪的玩具吵着想买，父母可以和孩子说：“这种玩具咱们家有几个了，我知道这个的确与众不同，咱们要不等到宝宝下一个生日再买吧？”也可以跟孩子商量：“今天买了好多东西，没钱再买了，过几天再来买东西时，先买宝宝的玩具，好不好？”这样孩子慢慢就学会了等待。又如，一些父母希望孩子上一些艺术兴趣班，但又不知道孩子喜欢哪一种，这时可以带孩子逛几家培训机构，看孩子提出学哪一种。当孩子提出来学某一项目（如舞蹈）时，父母先不要急于报名付钱，说不定孩子只是一时头脑发热，也许过几天就不想学了。人对于容易得到的东西往往不会去珍惜，这个时候父母再来埋怨孩子，后悔也于事无补。父母可以对孩子说：“学舞蹈要坚持每天训练才有效果，也才能体会到舞蹈的乐趣。现在，我们都回家思考一下，或者我们明天再来看看哥哥、姐姐训练的样子，如果你能够接受和坚持，我们再做决定。”如此经过“刻意”地考察和延迟，既能训练孩子“学会等待”“延迟满足”的能力，又能让孩子体会到是“我要学”而非“爸爸妈妈要我学”，一举两得。可见，延迟满足并不是让孩子单纯地压抑自己的欲望，而是让孩子通过分析做出选择，然后通过克服困难来获得长远利益。这样的孩子长大后更能自立自强。

2. 能力培养需要循序渐进

培养延迟满足能力要考虑孩子的年龄和承受程度，遵循小步子原则，难度由易到难，时间从短到长。例如，对两三岁的孩子来说，不妨从1分钟开始，然后逐步递增。不要期望孩子从一开始就能等待20分钟。只要孩子能等上一小段时间（开始以两三分钟为宜），而且在等待的时间里不哭不闹，就是在自我控制了。如果一开始设置的延迟时间过长，会让孩子灰心丧气，看不到希望，吃不到甜头，就容易失去信心，并放弃目标。父母要设置“跳一跳够得着”的目标，当孩子达到了预期的目标，就即时给予鼓励，以增强他做事的兴趣和信心。这样习惯了在期待中获得满足的孩子，学会主动控制自己的情绪和行为，将来也才能抵挡得住眼前小利的诱惑，更加自立自强，更容易实现更长远而更有价值的目标。

3. 父母要树立自立自强的榜样

作为孩子的第一任老师，父母的言行举止就是孩子身边生动的教材、学习的模板。要想孩子长大后自立自强，父母要在生活中以身作则，做出表率。例如，2020年春节期间，受疫情影响，全民“宅”家战“疫”，如果父母在孩子面前怨声载道、牢骚满腹、焦躁不安，并每天沉迷于网游，这种缺乏理智、自怨自艾、自暴自弃的表现，又如何能培养孩子自立自强？父母应该与孩子一起密切关注疫情变化，理智看待各种疫情现象，积极配合做好各项抗疫工作。同时，还可以引导孩子做一些有趣的游戏，把居家当作亲子学习和提高自控能力的最好时机，如轮流讲故事、成语接龙、互考IQ题、猜谜语、比谁能够定住不动的时间更长，等等，让孩子感到有乐趣而不烦躁，

孩子也不会因为宅家而感觉无聊，这些都利于培养孩子的自控能力，长大后，孩子就能成长为顶天立地的、自信自强的人。

育儿行动

运用糖果效应，要求父母在生活细节上做孩子的好榜样，通过有意识地培养孩子的自我控制能力，让孩子长大后更自立自强。

第一，当孩子提出拿父母手机玩游戏的要求时，父母不要马上答应，可以跟孩子商量在满足这个要求之前需要做些什么。等孩子做到了，父母马上兑现，满足孩子的需求。

第二，当孩子想通过哭、闹、滚等方式达到满足自己需求的目的时，父母要温柔而坚定地坚持原则，不要急躁和激动，只要孩子处于安全的环境，不要过度关注孩子，让孩子明白这些不合理的方式无效，需要等待和与父母达成一致才能满足需求，从而锻炼孩子的自我控制能力。

· 22 ·

标签效应：评价需要方法和艺术

1972 年，美国斯坦福大学心理学系教授罗森·汉恩博士做了一个实验：罗森·汉恩博士招募了五男三女共计 8 个人来假扮病人，他们中有一位精神病学家，一位画家，一位 20 多岁的研究生，一位家庭主妇，一位儿科医生和三位心理学家。这 8 个人被安排进入一所精神病院，并告诉医护人员自己幻听严重，所有的医护人员都知道自己工作的医院住进了 8 名精神病患者。他们在精神病院中表现得很正常，在他们身上没有任何精神病理学上的症状，但是在诊断书的证明下，却没有一个医护人员认为他们是正常的。他们要求出院时，医护人员认为这些病人的病情在不断加剧，"妄想症"越来越严重。医护人员甚至发明了一些精神病学上的新术语来描述他们的"病情"，他们之间的闲聊被看作"异常交谈行为"，做笔记被看作"异常书写行为"。在实验中，这些原本是没病的人，在贴上"神经病"标签后，在别人眼中就顺理成章地变成了精神病患者。这种现象就是标签效应。

效应启迪

罗森·汉恩的研究说明了标签效应导致的不良后果：一旦医护人员认定某一个人患有精神病，就会把他的一切行为和举止视为反常。其实，有时

“病人”没有问题，有问题的倒是“医生”的眼力和判断力。美国心理学家贝科尔认为：“人们一旦被贴上某种标签，就会成为标签所标定的人。”心理学认为，之所以会出现标签效应，主要是因为“标签”具有定性导向的作用，无论是“好”还是“坏”，它对一个人的“个性意识的自我认同”都有强烈的影响。给一个人“贴标签”的结果往往是使其向“标签”所喻示的方向发展。

孩子的自我评价最初是根据成人对他的评价而形成的，特别是年龄较小的孩子。当一个孩子总是被父母说成“笨孩子”时，他就会对自己的能力产生怀疑，进而对自己失去信心。当一个孩子被贴上了“坏孩子”“差生”等标签时，那个标签将掩盖他的所有其他品质，无论那个孩子怎样努力去改变，父母都认为那个孩子“差”或“坏”。父母歧视性的眼光和态度会迫使孩子的心理和行为向着父母的偏见——标签所指的方向发生偏转。久而久之，父母对孩子的负面看法就变成了孩子的自我确定，导致一个当初也许并不坏、并不差的孩子真的会成为一个“差生”或“坏孩子”。比如，有的孩子反应迟钝，思维能力较差，学习成绩总是不尽如人意，达不到父母对孩子的期望值，父母就经常对孩子说，“太笨了”“这么简单的题目都不会”“不是读书的料”。时间长了，孩子便会产生自己确实不行的感受，自信心也就越来越差，学习成绩就真的越来越糟。最后，干脆破罐子破摔，甚至彻底放弃努力。再如，有的父母发现自己的孩子说话比别人晚一些，就断言孩子语言表达能力弱，张口闭口逢人就说“他嘴巴笨”“他不善表达”“他说不好”等标签，正是父母对孩子的这些习以为常、口不择言的评价，让孩子变得紧张、焦虑、不自信，于是，孩子就一步步地真的成了父母并不希望却常挂在嘴边、念在心里的样子。所以，我们不能忽视“标签”的作用，对孩子表现出来的行为，不管是“好”还是“坏”，都要谨开尊口，慎用负面评价。

运用建议

标签效应其实是一种期待和自我暗示，当孩子被贴上标签（一种词语名称）时，他就会做出自我印象管理，使自己的行为与所贴的标签内容趋向一致。因此父母运用标签效应需要注意以下几方面。

1. 尽量避免给孩子贴上坏标签

孩子的很多表现是天性使然，没有品质上的分别，即使有一些不良行为，往往也是一种无意识行为或对成人的简单模仿。因此，父母千万不要对一时有缺点和不良行为的孩子进行经常性地贬低和训斥，在不知不觉中给孩子贴上一个“坏标签”，以至于误导孩子向不良方向发展，最终使“坏标签”变成了谁也不愿意接受的事实。所以，父母必须避免对孩子使用嘲笑羞辱、歧视绝情、责怪抱怨、威胁恐吓等评价性语言，以免给孩子贴上坏标签。

此外，父母还要经常反思自己对孩子的态度。因为，态度并不一定完全通过言语表现出来，当父母对孩子的态度很消极时，即使不说一句话，对孩子的态度也会在平时的行为中表露无遗，一个眼神、一个动作都会体现出对孩子的那种不认可，而这些非言语的信号就足以给孩子贴上坏标签了。

2. 要贴就要给孩子贴上好标签

要充分发挥标签效应的暗示与鼓励的正向作用，父母就要多用激励性的言语，给孩子多贴正向的标签。父母要尽可能地去寻找孩子身上的闪光点，给予及时的、大张旗鼓的肯定，恰到好处、恰逢其时地给孩子贴上一个好标签，这也是我们常说的“对于孩子要多表扬、少批评，表扬要在公开场合上，批评要在私底下”。这样做的目的就是让孩子不断认识到自己身上的优点和长处，不知不觉地按“标签”的暗示要求自己、约束自己。久而久之，好标签便起到了强化孩子好行为、淡化坏行为的作用，所谓的“坏孩子”和“落后分子”也就成了“好孩子”和“积极分子”。

3. 给孩子恰如其分的正确评价

父母要以多元智能理论为指导，认识到孩子的发展是多方面的，不能以一把尺子来丈量处于不断成长变化中的孩子。每个人都有自己的弱点和短处，也有自己的优点和长处。不要因为孩子某一方面的能力缺陷而怀疑他的全部能力，不但要看到孩子不如人的地方，还要看到孩子的过人之处。而且当前所谓的弱点也有可能成为未来的强势，社会在变化，孩子也在成长，一切皆有可能。只有以这样发展的眼光来看待孩子，才能给孩子恰如其分的正确评价；也只有这样才能帮助孩子形成正确的自我认知，不会因为评价过高而骄傲自满、抗挫能力弱，也不会因为评价过低而意志低沉、退缩自卑。

父母还要掌握科学的评价方法，充分发挥评价的正面效应，多样化、情感化、过程化地评价孩子，让孩子在做出努力的过程中获得成功的喜悦，从而拥有一个自信健全的人格。父母更要着眼于孩子的长远发展，既关注孩子所取得的成果，也注重孩子努力的过程。要避免简单化的评价，如“你真棒”；随意性的评价，如“没出息”；片面性的评价，如“你这也不行，那也不行”等。而且评价本身就是一个复杂的系统，方法多种多样，有绝对评价、相对评价和个体内部差异评价，还有定性评价和定量评价等，需要父母去主动学习和掌握。但不管如何，要记住，评价是就事论事，对事不对人，其目的是改进孩子的行为，激励和促进孩子发展，而不是给孩子定性，贴上某个标签。

育儿行动

运用标签效应，要求父母慎用负面评价，不要图一时口舌之快，轻易对孩子下结论，多给孩子贴积极向上的“标签”，如“你最近进步很大”“你变得越来越懂事了”等。

第一，当孩子遇到困难时，给孩子一个拥抱，面带微笑地对孩子说：

“相信这件事你一定行！”“你一定能够处理好这件事！”

第二，“你们同在一个班学习，为什么邻居家孩子学得这么好，你就学不好呢？”请分析这样的评价对吗？为什么？

23

德西效应：奖励也需要方法技巧

心理学家爱德华·德西曾进行过一次著名的实验，他随机抽调了一些孩子单独解一些有趣的智力难题，分三个阶段进行：第一阶段，抽调的全部孩子在解题时都没有奖励；第二阶段，所有实验组的孩子每完成一个难题后，就得到1美元的奖励，而无奖励组的孩子仍像原来那样解题；第三阶段，在每个孩子想做什么就做什么的自由休息时间，研究人员观察孩子是否仍在做题，以此作为判断孩子解题兴趣的指标。结果发现，无奖励组的孩子比奖励组的孩子花更多的休息时间去解题。这说明，奖励组对解题的兴趣衰减得快，而无奖励组在进入第三阶段后，仍对解题保持了较大的兴趣。实验证明，当一个人进行一项愉快的活动时，给他提供奖励其结果反而会减少这项活动对他内在的吸引力。这就是德西效应。

效应启迪

人的有意行为都有一定的动机。动机根据来源可分内部动机和外部动机两种。内部动机是指对事情本身的兴趣所引起的动机；外部动机是由外部诱因引起的动机，而不是事情本身。如果按内部动机去行动，我们就是自己的“主人”。如果驱使我们的动机是外部动机，我们就会被外部因素所左右，成为它的“奴隶”。德西效应认为适度的奖励有利于巩固个体的内部动机，但过多的奖励却有可能降低个体对事情本身的兴趣，降低其内部动机。

德西曾讲述了这样一个故事：一位老人在一个小乡村里休养，但附近却住着一些十分顽皮的孩子，他们天天互相追逐打闹，喧哗的吵闹声使老人无法好好休息，在屡禁不止的情况下，老人想出了一个办法：他把孩子们都叫到一起，告诉他们谁叫的声音大，谁得到的奖励就多，他每次都根据孩子们吵闹的情况给予不同的奖励。等孩子们已经习惯于获取奖励的时候，老人开始逐渐减少所给的奖励，最后无论孩子们怎么吵，老人一分钱也不给。结果，孩子们认为受到的待遇越来越不公正，认为“不给钱了谁还给你叫”，再也不到老人所住的房子附近大声吵闹了。老人的做法其实很简单，就是将孩子们的内部动机（为自己快乐而玩儿）变成了外部动机（为得到钱而玩儿），而他操纵着外部因素，所以也操纵了孩子们的行为。当有一天孩子的需求不被满足时，外部动机自然就消退了，孩子就不再吵闹了，老人的目的也就达到了。

在家庭教育实践中，有不少父母因德西效应犯错。例如，当孩子考了100分，兴高采烈地告诉父母时，许多父母会忘乎所以地说：“太棒了！你想要什么奖励？我都答应你！”看起来这是为了激励孩子，其实是害了孩子。孩子考了100分他很高兴说明他已经有了内部动机，父母不是强化他的内部动机，反而用外部奖励来激发外部动机，长期下去孩子就会丧失本来已经具有的学习兴趣。德西的实验结论以及趣闻轶事告诉我们：当孩子尚没有形成自发内在学习动机时，父母从外界给予激励刺激，以推动孩子的学习活动，这种奖励是必要和有效的。但是，如果学习活动本身已经使孩子感到很有兴趣，此时再给孩子奖励不仅显得多此一举，还有可能适得其反。

要避免德西效应，父母要注意以下几方面的问题。

1. 不要滥用外在奖励

德西效应告诉我们，在学习、生活、工作中，培养个人积极主动、持之以恒的兴趣和坚忍不拔的意志更为重要，仅靠物质的刺激远远不够。虽然“重赏之下，必有勇夫”，但由物质刺激所激发的兴趣是不持久的，更为可怕的是，仅靠物质刺激极易使孩子形成“一切向钱看”的不良价值取向，因此，父母要特别注意正确使用奖励的方法而不滥用物质奖励，要避免德西效应。

在现实生活中，不少父母认为金钱是万能的，为了让孩子好好学习，往往对孩子说，“如果你考多少分，就奖励你多少钱”“要是你能考进前几名，就给你买一部新手机”等。这些做法往往能够立竿见影，很快就收到“效果”，但父母也许没有想到，频繁使用物质奖励会导致孩子把获得奖励看成学习的目标，不管是学习还是做事都带上了物质索取的色彩，成为有偿活动而不是自觉行为。不少孩子不给钱或少给钱便不积极主动地去学习，不做作业而出钱请人代做，甚至各种有益的、必要的公益劳动也出钱请人代劳，等等。正是这种不当的奖励机制，将孩子本来有的学习兴趣一点儿一点儿地消减了。

其实，孩子除了物质需求以外，还有被父母爱、被认可、被理解等多方面的精神需求。正确的做法应该是：将物质奖励和精神奖励结合起来，以精神奖励为主，物质奖励为辅。例如，孩子可以为了获得一枚小红花而天天坚持上学不迟到；稍大一些的孩子则会因父母一个赏识的目光、一个满意的微笑、一个亲切的拥抱而兴奋不已。

2. 更重要的是激发内部动机

父母如果经常使用口头奖惩、物质奖惩来控制孩子，而不去关注孩子的内部动机，久而久之，孩子就忘记了自己的最初动机，做什么都很在乎外部的评价。上学时，他忘记了学习的最初动机是满足好奇心和求知欲，以及学习的成就感，老师的评价和考试成绩的变动成了他学习的最大快乐和痛苦的来源；工作后，他又忘记了工作的最初动机是成长的快乐和自我价值的体现，领导的评价和工资收入的起伏成了他工作的最大快乐和痛苦的源头。

所以，父母要从小激发孩子培育自己的内部动机体系，让学习和工作的目的变成“为自己而玩”“为实现自己的价值而玩”。比如，当孩子很努力地完成了一个任务后，要及时鼓励孩子：“这个任务不容易，但是你坚持住了，你做到了，真为你感到骄傲！”接着再进一步引导和启发孩子：“在完成这个任务的过程中，你有没有想过放弃？想放弃时你是怎么坚持的？完成任务后你的心情如何？”让孩子关注事情本身，去体会完成任务的愉悦感、自豪感和价值感，从而激发和强化孩子的内部动机。

3. 采用等级奖励法代替直接奖励法

父母就算真的要用物质奖励孩子，也不能直接奖励，可以采用代币法、积分法等进行等级奖励。代币可以是红五星、小红花，也可以是记分册。这些代币可以积累起来，用来换取孩子所喜爱的物品，或者换取从事所向往活动的特权（如玩 1 小时电脑、旅行一次等）。父母要和孩子一起商议确定行为达到时可以得到的代币数量，确定代币与奖励的兑换标准，这些数量和标准要有一定的等级，这样才能激发孩子下一次行动的动机。比如，每天 1 小时内做完功课，奖励 1 颗红五星或记 1 分；做完作业后能自觉检查和收拾书包，奖励 2 颗红五星或记 2 分；每天按时完成自己承担的扫地、倒垃圾等家务，奖励 3 颗红五星或记 3 分；等等。如获得 10 颗红五星或 10 分，可以换取 1 个玩具或 1 本课外书；获得 50 颗红五星或 50 分，可以奖励在周末多玩 1 小时电脑，或者去看一场电影。

育儿行动

避免德西效应，要求我们要注重激励艺术，少用物质和金钱奖励，多去

激发孩子的内部动机。

第一，千万不要对孩子说，“你写完作业，就奖励你巧克力”“9 点前写完作业，就让你玩 15 分钟手机”等，这种做法会干扰或影响孩子体会完成任务的愉悦感。请把平时说过的类似话语写出来，提醒自己以后少说甚至不说。

第二，多与孩子商量，根据家庭实际制订激励孩子的代币法奖励机制。

· 24 ·

三明治效应：让孩子愉快接受批评

众所周知，三明治是一种以两片面包夹几片肉、奶酪和各种调料制作而成的食品，味道鲜美，深受人们的喜爱。后来，人们将其纳入批评心理学，其成为一种有效的使人接受批评的方法。如果人们在批评他人的时候，把批评的内容夹在两个表扬中，那么受到批评的人，会在愉悦、诚恳的心态下接受批评。这种方法就如三明治，第一层总是认同、赏识、肯定、关爱对方的优点或积极面，第二层夹着建议、批评或不同观点，第三层总是鼓励、希望、信任、支持和帮助，使之后味无穷。这种批评法不仅不会挫伤受批评者的自尊心和积极性，而且还会使受批评者积极地接受批评，并改正自己的不足方面。这就是三明治效应。

效应启迪

“人非圣贤孰能无过？”每个人都会犯错误，更别说心智还很稚嫩的孩子。批评不单单是一种手段，它更是一种艺术。俗话说：“良药苦口利于病，忠言逆耳利于行。”如果将这句话改成“良药可口更利病，忠言顺耳更利行”，便可收到锦上添花的效果。父母在批评时如果能够正确地运用三明治效应，讲究语言的艺术，把批评的话说得更“可口”些，孩子就会更好地接

受批评并且从失败和错误中总结经验、重拾信心。

在《西游记》中，如来佛祖曾对想半途而废的孙悟空说过三句话："你这泼猴，一路以来不辞艰辛保护师父西天取经，这次何故弃师独回花果山，不信不义？去吧，我相信你定能发扬光大，保护师父取得真经。"这三句话褒中有贬，既肯定了孙悟空前面保护唐僧的所作所为，巨大成绩，又批评了他要脾气，不信不义，最后提出明确目标和殷切期望，妙语连珠、恰到好处地激励了孙悟空的斗志。

当然，运用三明治式的"表扬—批评—表扬"的方法，不能确保让孩子按照我们的意见去做，但起码能让孩子更容易把批评和建议听进去，采纳意见的概率更高。

要让孩子愉快地接受批评，就要正确地运用三明治效应。

1. 表扬孩子时要真诚

孩子做了错事儿，心里一定很不平静，如果一开始就直接批评，语气又十分严厉，孩子就会产生一种自然的防御反应以保护自我，那就很难再听得进批评意见了，就算批评是正确的，也是徒劳无功的，甚至还有反效果。因此，在批评孩子之前，父母先说些亲切、关怀、赞美之类的话，营造友好的沟通氛围，容易让孩子放松心情，愿意接纳，也就是"听得进"。而如果在批评完孩子之后就直接结束谈话，孩子就会有心理负担，心里可能会想"是不是爸爸、妈妈以后不喜欢我了，我在爸爸、妈妈心中一定是无可救药了""我很糟糕"等。此时，父母应给予孩子鼓励、希望、信任、支持和帮助，使孩子消除心理负担，振作精神，重新再来，也就是"促其行"。

需要注意的是，第一层和第三层虽然都是表扬孩子，但表扬的侧重点是不一样的。第一层的表扬主要是肯定孩子，营造良好的沟通氛围。父母在称赞孩子优点的时候，一定要实事求是，不能过于夸张，而且要让孩子感受到自己说话的真诚，不要让孩子觉得自己很虚伪，一点儿都不符合实际情况，那样会适得其反。而第三层的表扬更多的是鼓励孩子，让孩子充满信心，看到希望，感觉前途一片光明，相信自己不会再犯这样的错误了。这一层表扬也很关键，要鼓励孩子付出实际行动，只有行动才能解决问题。这就是我们经常所说的“犯错不要紧，勇于面对错误，下次不再犯同样的错误就行”的要义所在。

2. 批评孩子时要客观

和三明治一样，外面两层的面包只是辅助，中间夹的肉才是主食。第二层批评是为了改善孩子的行为，但批评不是目的，只是手段。因此，父母对孩子采取的批评方式才是发挥三明治效应的关键之处。

有的父母批评孩子时不够客观，他们在面对孩子犯错误的时候，往往只关注到孩子的错误之处，完全没有注意到孩子值得赞赏之处。比如，考试时，孩子有一道题因为马虎大意做错了，父母就把孩子狠狠地批评一顿，而对其他做对的题目完全视而不见，这就会导致孩子心生委屈，也容易造成孩子的不自信，使孩子总觉得自己什么都做不好，没有可取之处，这会对孩子今后的学习与发展造成不良的影响。

有的父母批评孩子的言语过于激烈。孩子的心理承受能力本就比较弱，父母的这种行为极容易对孩子的自尊心造成打击，从而使孩子丧失想要再继续努力和改正的动力，还会导致亲子关系出现裂痕。

还有的父母批评孩子时更多的是在发泄自己的不良情绪。有些父母工作压力很大，回家看到孩子不做作业在玩耍时，就忍不住对孩子说：“你就知道玩，能不能好好学习？”“你怎么这么懒，我怎么会生出你这种孩子？”孩子听到这些话的第一反应不是赶紧做作业，而是原来爸爸、妈妈不喜欢自己了。因此，这样的批评根本不可能达到父母想要的效果。

综上所述，父母在表达第二层批评的内容时，一是要客观，不要用过多的否定话语，否则就算第一层和第三层的表扬如何弥补，效果也不甚明显；二是要有爱心和耐心，语重心长，投入真情实感，不要以强硬的态度表达，否则会激发孩子的逆反、抵触、排斥等情绪；三是要记住给孩子提意见是为了解决问题，而不是发泄自己的不良情绪。

例如，小红的期中考试成绩糟透了，看到妈妈开完家长会回来，她赶紧低头假装认真做作业。但是，妈妈却高兴地说："今天老师表扬你在学校乐于助人，吃苦耐劳。妈妈真的好开心！"妈妈的和颜悦色让小红紧张的心情放松了下来。"老师还说，这次你考得不是很好，你学习上有什么困难需要妈妈帮忙吗？"小红低下头，红着脸说："妈妈，都怪我太马虎了。下次我一定注意。""知道就好，妈妈相信你，细心点儿，妈妈等你的好消息！"妈妈充分运用了三明治效应，让小红放下思想包袱，逐步改掉了粗心大意的习惯，考试成绩稳步提高。

育儿行动

运用三明治效应，要求父母学会尊重、接纳与批评艺术，要以长远的眼光来看待孩子一时的犯错。请按下面的程序尝试运用，感受"三明治"的美味。

第 ·，在批评孩子前，先实事求是且真诚地对孩子说："在我心里你一直都是一个认真、踏实……负责、有梦想、有激情的孩子。"

第二，在批评孩子时，要站在他的角度去考虑问题，客观、心平气和地给孩子提出建议："我知道你今天肯定有什么事儿给耽搁了，所以才没有……，我知道你不是故意的，以后你可以……"

第三，提了建议后，再给予孩子充分的信任与鼓励："孩子，你一向都能把问题解决好，我相信你下次出现这样的情况时，你一定会……，相信你会越来越……"

· 25 ·

多米诺骨牌效应：警惕孩子的不良“苗头”

从宋代开始，民间出现了一种有趣的游戏叫“骨牌”。意大利传教士多米诺把这种游戏带回了米兰给自己的女儿玩，大家都觉得很好玩，慢慢地越来越多的人喜欢上了这项游戏。多米诺发明了很多种创新的玩法，把所有的“骨牌”按照自己喜欢的图形站立摆放，每块“骨牌”都隔着一定的距离，摆放完整后推倒第一张牌，最后以一倒百倒的模式引起一系列的连锁反应。后来，人们为了纪念和感谢多米诺带来了这么好的游戏，就以他的名字命名了这种“骨牌”游戏。从那以后，“多米诺”成为一种流行用语，是指在一个相互联系的系统中，一个很小的初始能量就可能产生一连串的连锁反应，人们就把它称为多米诺骨牌效应。

效应启迪

在社会中，多米诺骨牌效应无处不在。例如，两支球队在比赛，其中一支球队比分暂时落后，由于没有足够的心理准备，暂时的失败使这支球队丧失了信心，节节败退以大败告终，以至于在接下来的比赛中屡战屡败。有了第一棵树的砍伐，可能就会有整个森林的消失；有了第一只珍稀动物的被猎杀，可能就会有整个物种的灭绝；质检部门有了第一次徇私办事，可能就会

有越来越多的假冒伪劣商品；每 20 年的全球平均气温升高 2 度，可能带来最后一块冰川的消失……

在家庭教育中，孩子没有养成良好的规则意识可能接二连三不断地出现违纪行为，甚至走上违法犯罪的道路；在学习中，孩子没有足够的自信，考试时遇到不会的题，可能导致后面的题都解不出……

俗话说："播下一个行动，收获一种习惯；播下一种习惯，收获一种性格；播下一种性格，收获一种命运。"孩子的成长是全面的、系统的过程，就像一副站立的多米诺骨牌，当一种关键行为出现时，就像是多米诺骨牌的第一块倒下了，会引发整个系统的改变，或好的，或不好的。对于好的重要行为，父母要及时关注鼓励，呵护接下来的"骨牌"能顺利倒下。对于不良的关键行为，要防止第一块"骨牌"的倾倒，以免使整个系统崩塌。即使当有些不良"苗头"出现，"骨牌"已经倾倒时，父母也要积极调整教育方式及时止损，在关键时刻停止"骨牌"的倾倒，保证系统不继续恶性发展。例如，守规则是遵纪守法的关键；"百善孝为先"，孝顺是良好品德形成的关键；诚信是人与人相互信赖的前提基础；兴趣是学习最好的老师；身体是革命的本钱；等等。多米诺骨牌效应告诉我们，教育孩子一定要注重孩子的全面发展，要善于抓住全面发展的关键、"牛鼻子"，守住"底线"，警惕不良"苗头"，避免"骨牌"全面崩塌。

运用建议

避免多米诺骨牌效应带来的不良影响，我们需要多关注孩子的不良"苗头"。

1. 防微杜渐，把不良"苗头"掐灭在萌芽期

多米诺骨牌一旦开始倾倒，要遏制住接下来骨牌倾倒的趋势就会变得困

难，就像灭火一样，小火苗容易灭，一旦变成熊熊大火，就很难灭了。最好的方法就是在第一块骨牌倾倒前就发现苗头，及时预防。教育孩子也是这般道理，在不良行为还只是“苗头”的时候及时发现并纠正，避免不良行为形成习惯，酿成大错。俗话说“小时偷针，大时偷金”就是这个道理。小时候的小偷小盗，或者不问自取的行为，可能就是未来走上偷窃违法犯罪道路的不良“苗头”，是品德发展的关键，不能掉以轻心。一旦发现，应及时给予帮助和引导，遏制系统的恶化。

2. 善反思抓重点，有的放矢

孩子成长过程中会有各种各样的变化，也经常会犯各种各样的错误，这是成长的必经之路。是不是孩子所有的错误都是不良“苗头”呢？是孩子的错误还是父母认为的错误呢？是孩子成长过程中表现出来的异常行为还是真的是引起系统崩塌的那一块“骨牌”？应该如何判断哪些才是不良“苗头”呢？

首先，对于孩子的行为，父母要判断这个行为是自己看不惯还是孩子成长过程中必然发生的。例如，幼儿期所谓的孩子说谎，是由于孩子暂时还未能很好地分辨想象和现实，误把想象中的事情当作现实说出来，给人感觉是在说谎，这是孩子在智力发展过程中的必经阶段，如果父母不懂分辨，硬是把孩子的行为当作说谎，上纲上线进行教育，反而会给孩子带来伤害。再如，不少父母经常这样指责孩子：“都已经三年级了，写作业不到30分钟就搞这搞那的，注意力一点儿也不集中。”这其实太冤枉孩子了，三年级孩子的有意注意时间只有20分钟左右，这是孩子身心发展规律所决定的，并不是这个年龄段孩子所能控制的。所以，父母不能自以为是，把自己“看不过眼”的行为当作不良的“苗头”。

其次，如果孩子真的出现了不良行为问题，也要注意抓住问题的关键，不能眉毛胡子一把抓。注意抓重点、重点抓，才能有效解决问题。例如，孩子沉迷于网络游戏，如果只是关注怎么限制孩子上网，那就游离于问题的边缘了，效果不仅未必如人意，还会让孩子觉得父母不理解他，孩子可能还会

变本加厉地去玩。其实，沉迷于网络游戏不同的孩子有不同的原因，但有一个共同点，那就是现实生活过于枯燥无味、缺乏爱和温暖，孩子找不到存在感和价值感。这才是问题的重点，抓住这个关键，就知道如何帮助孩子抑制网络游戏的诱惑了。当然，父母也要清醒地知道，在保证网络安全的前提下，适当地让孩子玩游戏并不是不良“苗头”。

最后，父母还要明白孩子出现的不良“苗头”是有意的还是无意的。有些错误是孩子无意犯下的，如果父母太过于紧张去纠正，反而给孩子负面强化，可能导致这个行为的再次出现。例如，孩子不小心丢了东西，父母不希望孩子再犯错，就不断和孩子强调不要再乱丢东西，可能会给孩子负面强化，让孩子觉得自己就是一个乱丢东西的人，以后丢三落四的行为更容易出现。如果孩子的一些行为是故意为之，那就是不良行为了，就要警惕并加以教育了。例如，同样是丢了东西，是孩子因为与同学发生矛盾冲突，生气而丢的，这肯定就是不良“苗头”，这是任性、情绪不良、人际关系不好的“苗头”。这时就要教育孩子人际冲突不是发脾气、丢东西就能解决的，而是要以真诚的心与人交往，学会宽容、换位思考、礼让，如果真的解决不了，还可以请求父母和老师的帮助。

3. 擦亮眼睛，善于发现不良“苗头”

孩子每天都会出现很多的行为，哪些才是不良的“苗头”呢？其实这个问题也不复杂，只要在陪伴孩子时留意观察，就会察觉与平常表现的“不一样”。例如，孩子平时比较开朗，话很多，最近突然欲言又止；孩子平时一进门书包随手放沙发上，最近回来突然偷偷摸摸把书包放到房间藏起来；孩子平时情绪比较平稳，最近回来突然动不动就发脾气……这些“不一样”说不定就是不良“苗头”。另外，也要留意老师、同学、邻居等认识的人所给的反馈，就能发现孩子不良“苗头”的蛛丝马迹。当然，究竟是不是真的，还需要父母冷静思考，了解孩子问题行为背后的真实原因，抓住重点和关键环节，有的放矢地帮助和引导孩子，千万别冲动地责备、谩骂孩子。

此外，教育孩子还要坚守底线。例如珍爱生命、重视健康、孝敬父母、勤奋好学、诚实守信、团结友爱、保护环境、遵纪守法、热爱劳动，等等，这些都是教育的底线，是孩子一生发展的基础，基础扎实稳定了，孩子不良行为的“多米诺骨牌”就不容易倾倒了。

育儿行动

第一，父母双方找时间理性地讨论一下孩子的成长什么是最重要的，对孩子的最大期望是什么，最低期望是什么，哪些事情是可以接受的，哪些事情是不可以接受的，统一育儿理念，建立家庭育人底线，形成“骨牌”系统，做到有的放矢。

第二，发现孩子有不良“苗头”，不要急于下判断和训导，与孩子一起了解事件的前因后果，找到关键问题，商议解决办法。

· 26 ·

破窗效应：教育需要早发现早预防

美国斯坦福大学的著名心理学家辛巴多曾做过一个实验：他把两部同款的车故意丢弃在两个不同的社区，一个是较为富裕的 A 区，一个是较为贫穷的 B 区。一个星期过去了，A 区的车完好无损，B 区的车才过了几分钟车内物品就被偷了。接着辛巴多把在 A 区的车窗打碎一块玻璃，还把车牌摘了，结果和在 B 区的车一样，很快就被破坏了。美国的政治学家受此事启发，以建筑物为例提出了有名的破窗效应，认为，如果一栋房子的窗户被打破且没有得到及时有效的维修，别人就会从这些破窗中受到打破更多窗户的暗示，这栋房子里的玻璃就会接二连三被破坏或是其他东西被损坏，在杂乱无序、麻木不仁的环境中，违法犯罪的行为更容易滋生和蔓延。

效应启迪

不知道大家有没有这样的经历：你手上拿着一堆垃圾，走了很久都没有找到垃圾桶，接着发现你的周围有一个地方有很多废纸、塑料袋、塑料瓶等垃圾，你会不会特别有想把这堆垃圾扔在那里的冲动？又如，你要去一个地方，就在前方 100 米，但是中间隔着一块大草坪，有一条绕着草坪的路，会比直线距离远 500 米，这时你发现一条不太明显的小路，这条所谓的“路”

是之前有人从草坪上直接踩过去留下的，这时的你会不会特别想直接走这条小路？其实这堆垃圾、这条小路就是一个打破的“窗”。

在家庭教育中，破窗效应时常存在。孩子第一次打架、第一次偷东西、第一次说谎，等等，这些都可以是被打破的第一扇“窗户”，如果父母没有及时去纠正，可能会有越来越多的“窗户”被打破。例如，孩子在和家里人玩游戏的时候总想赢，输了就大哭大闹，因此家里人都尽量让他赢，得到了全家人的默许，孩子就更加肆无忌惮，无论做什么都想占尽风头，稍有不如意就大哭大闹，这时候父母再想管就难上加难了。这就是破窗连锁反应的结果。一开始有意让孩子赢，就是打破了第一扇“窗户”，之后的不断谦让和纵容，就是打破了一扇又一扇的“窗户”，使孩子养成了这个不良习惯。

孩子的行为问题哪怕是一个小问题，父母能及时发现和反思并且有效解决，都相当于及时把第一扇“破窗”补上了，就能给孩子带来一个正面引导，让坏习惯无机可乘。也有很多父母觉得孩子还小，犯点儿错误没关系，长大了就好了。这也不是没有道理，确实随着孩子的成长，他们的经验越来越丰富，社会化程度越来越高，他们自己也会觉得以前犯的错误是多么的幼稚。可是，需要注意的是，同样的错误不能重复犯，一旦重复犯就不是“长大了就好了”那么简单了，而是不良行为越来越多。破窗效应给我们的启示就是：对于孩子的教育需要早发现早预防，善于去发现和反思自身的教育行为，防患于未然，避免同一件事情继续恶化。

运用建议

要帮助孩子培养良好的习惯，健全的人格，父母在教育过程中要避免破窗效应。

1. 善于反思，及时补上被打破的第一扇“窗”

每个人都难免会犯错误，特别是孩子，懵懂无知，在成长阶段犯各种各样的错误是再正常不过的事情了，关键是犯错之后父母能及时发现，及时补“窗”，避免同样的错误重复犯。否则，就会有越来越多的“窗户”被打破，不仅使孩子养成坏习惯，还会影响孩子健全人格的形成。

为了及时补上第一扇被打破的“窗”，父母一定要善于观察和反思，当孩子出现不良行为的“苗头”时，不要掉以轻心，要尝试去分析不良行为出现的原因，并想办法用孩子能接受的方式告诉他这种行为是不对的，以后不能再出现。例如，孩子偷偷在爸爸的钱包里拿了100元，但是他并不觉得那是在偷窃，觉得是家里的东西他都可以拿。父母首先要告诉孩子拿东西和偷东西的区别，没有经过爸爸同意就拿他的私人物品是不对的。明确告诉他哪些是私人物品，如钱是爸爸的，玩具是自己的；哪些是家里共有物品，如家里的零食是共有的。私人物品是不能随意拿的，要拿必须征求物品主人的同意，正如爸爸不能随便拿自己的玩具一样。其次，父母需要反思一下孩子为什么偷偷拿钱，是有东西需要买还是觉得好玩？又或者是希望通过这个行为引起父母的关注……从原因入手，对症下药。最后，父母还需要明确地告诉孩子下一次如果他需要用钱可以怎样做，才能正确且合理地达到他的目的。否则，随便、随手拿钱这一“破窗”就会发展壮大，有可能使孩子走上偷窃这一违法犯罪道路，那时就后悔莫及了。

2. 营造良好环境，抵御不良社会风气的影响

为什么破了的“窗”会接二连三地被破坏，而完好的却依然完好，不会被人破坏？为什么草坪地上本没有路，但看到别人走了也跟着走？从理性的角度看，我们都知道踩着草坪走肯定是不对的，既破坏环境又违反公德，但不少人还是我行我素，因为在这些人心目中，他们会认为：“我又不是第一个这样做的，既然别人能这样做，为什么我不能呢？”“既然都这样了，再烂一点儿也无所谓了。”“反正不是我一个人破坏的，要罚也不是罚我一个。”

这就是破窗效应的“威力”，它告诉我们，周围环境对个人行为的影响很大，干净整洁、文明有礼、和谐奋进的环境给人愉悦、舒服的幸福感觉，充满正能量。有歪心的人置身于此，心灵也会得到净化。相反，“破窗”环境带来的是负能量，好的思想好的行为也会变坏。这也就是“染于苍则苍，染于黄则黄”的道理。因此我们不要忽略了孩子成长环境的重要性。

对于成长环境，父母要学会辨别，用正确的价值观影响孩子，避免产生破窗效应。例如，当发现孩子网络聊天经常使用暴力语言和表情时，父母不能抱着侥幸、无所谓的心态，觉得“现在的孩子都这样做，也不是我一个孩子这样，没关系”。这样的“破窗心态”就会产生不良的环境氛围，孩子的良好思想和行为可能会接二连三被打破，最后可能导致积重难返，一发不可收拾的局面。所谓不良社会风气对孩子的影响，就是这样产生的。

很多父母可能会说社会环境是大问题，不是个人想改变就能改变的。虽然我们不能轻易改变社会环境，但是我们可以与孩子一起讨论与甄别，进行过滤和筛选，尽可能选择和谐、舒适、文明的社会环境，也尽可能远离那些充满黑暗、暴力、色情的社会环境，指导孩子明辨是非、分清好坏，避免打破第一扇“窗”，自觉抵御社会不良思想文化的入侵。

3. 为孩子做表率，不做破“窗”之人

父母是孩子第一任老师，父母所表现出来的一言一行都会使孩子耳濡目染甚至被孩子不自觉地模仿。在看到孩子行为的同时，父母也要反省，在孩子面前自己是不是第一个“打破窗户”的人，在陪孩子外出时自己有没有闯红灯，有没有乱扔垃圾，公共场合是否做到了不随地吐痰，等等。

父母希望孩子懂礼知耻，就需要让孩子看到和感受到亲人之间长幼有序、尊老爱幼；父母希望孩子积极向上，要让孩子看到亲人对工作、对生活积极向上的热情；父母希望孩子明理，在做事之前就需要告诉孩子其中的道理所在。要教育孩子首先反思自己，从自我做起，自己首先不做破“窗”之人，发现问题也能及时补“窗”，给孩子做好表率。

育儿行动

避免破窗效应，就要在教育孩子过程中注意早发现早预防，及时补救，避免事态恶化。

第一，发现孩子出现某一错误行为时，应及时捕捉并思考：为什么孩子会出现这种错误行为？这个行为是什么意思？行为结果会怎么样？然后，耐心倾听孩子内心的真实想法，帮助和引导孩子正确看待这一错误行为，避免同样的错误重复发生。

第二，与孩子讨论社会不良风气，如车辆乱停乱放、公众场所抽烟、不排队插队，等等，先问一下孩子对这件事情的看法，自己怎样做会更好一点儿，如果身边的人这么做，自己可以怎么处理，帮助孩子对这种行为树立正确的价值取向。

· 27 ·

反馈效应：让孩子看到努力的结果

所谓反馈，原本是物理学中的概念，是指把放大器的输出电路中的一部分能量送回输入电路，以增强或减弱输入信号的效应。心理学借用这一概念，以说明学习者对自己学习结果的了解，而这种对结果的了解会起到一种强化作用，促进学习者更加努力地学习，从而提高学习效率。这一心理现象被称为反馈效应。

心理学家赫洛克做过一个著名的反馈效应的心理实验：他把被试者分成4个组，在4个不同诱因的情况下完成任务。第一组为激励组，每次工作后予以鼓励和表扬；第二组为受训组，每次工作后对存在的一点儿问题都要严加批评和训斥；第三组为被忽视组，每次工作后不给予任何评价，只让其静静地听其他两组受表扬和挨批评；第四组为控制组，让他们与前三组隔离，且每次工作后也不给予任何评价。

实验结果表明：成绩最差者为第四组（控制组），激励组和受训组的成绩则明显优于被忽视组，而激励组的成绩不断上升，组员学习积极性高于受训组，受训组的成绩有一定波动。

从这个实验可以看出：及时对学习和活动结果进行评价，能强化学习和活动动机，对工作起促进作用；适当激励的效果明显优于批评，而批评的效果比不闻不问的效果好。

效应启迪

在生活中，反馈效应的影响比比皆是。例如，发朋友圈，随后会有很多人点赞和评论，以后我们发朋友圈是不是会更加用心？例如，做菜的人看到吃菜的人不停夹菜，还边吃边点头赞叹，做菜的人会不会经常做这个菜甚至对做菜产生浓厚的兴趣？恋爱中的男生送了女生一束玫瑰花，女生开心地笑个不停，还马上做了一顿美食奖励男友，以后男友送花的概率是不是会更高一点儿？

但是不少夫妻、父母也会出现另外一种心态："我觉得很多东西不说出来，你也会懂的！"例如，一起生活几十年后才知道老伴爱吃鱼尾，之前自己以为鱼尾多骨总是把鱼头留给对方，其实就是没有及时给予对方反馈造成的误会。还有不少父母发现了孩子的进步，担心说出来孩子会骄傲，只在心里默默窃喜，并没有给予孩子及时的肯定，或者只是带着心中的窃喜对孩子的进步敷衍了事，孩子就会因为自己的努力没有被看见和肯定可能会感觉被浇了一盆冷水，学习热情和兴趣就会减退，久而久之孩子的进步就会变成退步了。

反馈效应对家庭教育的启示是：当孩子对一件事情进行努力时，不管结果如何，父母都需要重视并给予孩子及时和适当的反馈，让孩子看到努力的结果，进而强化孩子对这件事情的成就动机，更好地促进此件事情的发展。反之，如果不想孩子做这件事情，就对孩子在此件事情上的努力视而不见，不给予任何反馈。

运用建议

发挥反馈效应的作用，让孩子看到努力的结果，父母们可以关注以下几点。

1. 反馈要具体和及时

对孩子的努力进行反馈时要具体，让孩子知道好在哪里，还存在哪些不足。例如，在赞扬的时候，许多父母常常会用“你真棒”“你好聪明”“你是个好孩子”之类的话来称赞孩子，这种笼统的赞扬不仅对孩子没有引导和鼓励作用，还会让孩子产生疑问：“我聪明/棒/好在哪里？”“我真的聪明吗？为什么我感觉不到？”父母在赞扬孩子时不妨说得具体一点，比如，孩子洗了衣服，我们就可以夸赞“你洗得很认真”“很积极洗衣服”“洗得真干净”；孩子主动收拾了玩具，我们就可以表扬他负责任，能够主动收拾玩具了，做到了自己的事情自己干；孩子把书桌收拾得很整齐，我们可以表达很欣赏他把桌面收拾得很整齐，这样有助于更加专注地学习。

对孩子进行反馈也讲究及时。能够第一时间给予反馈，效果是最好的。但是现在很多父母都忙于工作可能未必能够第一时间给孩子及时的反馈，这就需要父母每天抽出一点儿时间，和孩子进行有效的沟通，互相交流一天中让自己有感触的事情，从中对孩子进行及时反馈。

2. 反馈方式要恰当

对孩子进行反馈的时候要讲究方式。如果从语言上给予夸奖，要注意：夸具体不夸全部，夸努力不夸聪明，夸事实不夸人格，多说事情本身和自己的感受。例如，孩子给妈妈盛饭，妈妈与其兴高采烈地说“好孩子，你真棒！”不如告诉他“谢谢你帮妈妈端饭，妈妈很开心”。“好孩子”这样的话是典型的夸人格，父母们会无心地将其挂在嘴边。但“好”是一个很虚无的概念，如果孩子总被扣上这样一顶帽子，对他反而是一种压力。

除了语言上的夸奖，父母们也需要发挥肢体语言的魅力，恰当的时候给孩子一个会心的微笑、一个有力的大拇指、一个温暖的拥抱、一个依靠的肩膀，这些胜过千言万语。

当然，父母在反馈时，也别忘了对孩子错误的地方给予反馈。反馈时对

事不对人，给出中肯的建议，再鼓励孩子下次做得更好。这样既不会浇灭孩子的热情，伤害他的自尊、自信，又能使他不断寻求进步。例如，孩子因为粗心把物品遗失了，父母可以这样对孩子说："东西遗失了，爸爸、妈妈觉得挺遗憾的，这可能会对你接下来的生活有一定影响，你下次需要做些什么才能防止东西再被遗失呢？"

当孩子出现不良行为的时候，父母有时过于关注可能反而给孩子过多反馈，导致不良行为发生的频率提高。所以，当对孩子的错误进行反馈效果并不理想的时候父母们可以试试不给予反馈，帮助孩子减少一些不良行为。例如，有些幼儿在某些阶段可能觉得好玩——喜欢用力眨眼，有些父母觉得这样下去不行，不断去和孩子强调这样眨眼不行，孩子用力眨眼这一行为反而会受到强化，导致频率增加。这时父母可以选择静静观察不反馈，孩子觉得这一行为因为得不到关注，没有"观众"而无趣，这种行为也就自然消退了。

3. 注重双向的反馈

育儿是一个双向行为，不是填鸭式的，父母一边要教养，一边还要看教养的效果，从孩子的角度去收集反馈信息，才是成功教养的重要根基。收集反馈信息，父母需要耐心聆听孩子的心声。当孩子取得进步时，父母除了给予及时和适当的肯定，也需要和孩子一起聊聊孩子在这个过程中的感受，问一下孩子是怎么取得这些进步的，在这个过程中他最大的收获是什么，或者需要爸爸、妈妈给予什么样的支持。当孩子因为犯错误被批评，耿耿于怀的时候，父母们不妨放下情绪，坐下来拍拍孩子肩膀或是抱抱孩子，问一下孩子此刻的情绪是什么，在这个过程中他有什么收获。

只有关注到孩子的反馈，才能在接下来的教养中给予合适的反馈，提高教养的效率。

育儿行动

运用反馈效应，要求父母看到孩子的努力，及时给予恰当的反馈。

第一，每天告诉孩子他 / 她的一点点小进步或是一件他 / 她做得好的事情。

第二，和孩子一起设定目标，并且根据完成的时间把目标细分，每天完成之后给孩子一定的反馈。

总目标			
时间		时间	
每天目标		每天目标	
完成情况		完成情况	
……			

· 28 ·

青蛙效应：给孩子适当挫折

青蛙效应源自19世纪末期，美国康奈尔大学曾进行过一次著名的青蛙实验：将一只青蛙放进煮沸的大锅里，青蛙触电般立即跳了出去。后来，他们又把它放在一个装满凉水的大锅里，任其自由游动，然后用小火慢慢加热。青蛙虽然可以感觉到外界温度的变化，却因惰性而没有立即往外跳，直到后来感觉热度难忍却失去了逃生能力而被煮熟。科学家经过分析认为，青蛙第一次之所以能逃离险境，是因为它受到了沸水的剧烈刺激，于是便使出全部的力量跳了出去。而第二次由于没有明显感觉到刺激，它觉得这一温度正适合，因此，这只青蛙便失去了警惕，没有了危机意识。然而当它感觉到危险时，已经没有能力从水里逃出来了。

效应启迪

青蛙效应强调“生于忧患，死于安乐”的道理，提醒我们要时刻具备危机意识，居安思危、防微杜渐。量变的过程虽然不明显，但是量变最终会引起质变。事物的发展总有一个从量变到质变的过程。人天生就带有惰性，如果沉迷于安逸的工作或生活，就容易忽略周遭环境的变化，当遇到危机的时候就只能像那只温水里的青蛙，失去了拼搏的能力。例如，不少父母对孩子的事情大包大揽，生怕孩子受一点点苦。在金钱方面表现得尤为明显，即便孩子大学毕业后，父母依旧给其提供充足的生活费，慢慢地就使孩子变成“啃老族”。还有不少的月光族，每月赚的钱花得一干二净，平时没有储备紧急资金的意识，等到需要大开支的时候就开始手忙脚乱，后悔莫及。这些都是一只只鲜活的温水中的“青蛙”。

在日常的家庭教育中，也存在很多青蛙效应的例子。一些父母偏向于重视孩子的衣、食、住、行和学习成绩，而忽视了对孩子的独立生活能力、吃苦耐劳和向困难挑战精神的培养；在孩子遇到困难、失败和挫折的时候会过于主动地去帮孩子扫清障碍，错失了让孩子学习成长的好机会。例如，小学低年级的孩子轮值班级的卫生不少是家长帮忙搞的；放学以后孩子的书包是家长帮忙背的；孩子不会做的题目不少是家长提供的答案……家长觉得是在帮助孩子，其实是把孩子培养成“温水中的青蛙”，孩子一旦独自面对危机的时候，就丧失了独立解决困难的能力和勇气。

青蛙效应对家庭教育的启示是：不要过分溺爱孩子，不要让孩子生活过分安逸，要加强挫折教育，让孩子适当地承受一点儿失败和挫折，孩子会变得更坚强、更能保护自己。

运用建议

要正确看待孩子成长中的失败和挫折，避免青蛙效应。

1. 学会放手，不要让孩子的生活过于安逸

日常生活中，父母往往过于怜惜孩子而且包办一切，给孩子提供过于安逸的生活，使孩子失去锻炼机会和战胜困难的勇气，最终导致孩子一遇到困难就想退缩。其实，父母要相信孩子，不管年龄大小都会具备与那个年龄段相符的一定的面对困难、解决问题的能力，他们是能够应对一些挫折的。例

如，撤走大人营造的“保护圈”，放开手脚，不要怕孩子摔着、碰着、饿着、累着，孩子摔倒了鼓励他自己爬起来；对挑食、偏食、厌食的孩子，饿他一两顿没有任何问题；孩子力所能及的事情让他自己做，做错了就让他自己承担后果，不要不忍心；孩子自己能解决的问题，不要急着去帮忙，切不可包办一切，让孩子做甩手掌柜。

在这个放手的过程中孩子可能会遭遇挫折，父母不能心痛、后悔、过于担忧，不要过分夸大挫折的负面意义，也不要否认挫折带来的痛苦。要清楚，父母不能代替孩子成长，路一定是孩子自己走的，而且一定不会是平坦大道，挫折是必不可少的，是每一个孩子成长的必然考验。所以，父母要学会放手。当然，放手不等于什么都不管，必要时父母也要及时介入，帮助孩子疏导挫折后产生的负面情绪。例如，孩子考试考砸了，情绪很低落，对以后的学习失去信心。父母可以先让孩子通过倾诉、哭、运动等途径发泄情绪，等孩子情绪稳定之后再鼓励孩子分析考卷，找找丢分的原因，或者和他一起去向老师请教，寻找解决的办法，从而帮助孩子勇敢面对挫折，克服困难。

2. 在日常生活中加强挫折教育

人的一生中不遇挫折是不可能的。为了让孩子在以后少吃苦，父母就需要在日常生活中多给孩子锻炼的机会，在孩子成长的过程中适当地让孩子吃些苦，培养他面对挫折的勇气和能力。有了这样的锤炼，孩子才可能在今后少吃苦。很多父母都明白这个道理，也觉得应教育孩子不畏艰险、勇敢面对挫折，但是抗挫折能力的培养仅仅靠说教是无法培养的，孩子必须经历挫折才有可能超越挫折。因此，父母不能代替孩子成长，剥夺了孩子成长的机会。

父母可以根据年龄来分配孩子力所能及的家务。例如，3 岁的孩子能够做的家务是叠自己的被子，但孩子觉得洗碗有意思，不想叠被子。如果对孩子的这一行为不引导，任由孩子去洗碗而不叠被子，就会出现孩子因为不能承受与年龄不符的家务而产生不良的后果，导致能做的叠被子不会叠，不会做的洗碗因为洗不好也放弃去做的后果。所以，父母一定要把握好这个度，让孩子在合理范围内完成家务劳动，也要教给孩子一些基本的劳动技能，关键部分给孩子一些示范，让孩子体会到家务劳动的乐趣。

父母也可以带孩子参加一些有意义的活动，如爬山、学习新技能（游泳、骑自行车、打乒乓球等）；在孩子遇到困难时能及时给予支持。例如，孩子去爬山，可能会出现怕苦、怕高、怕摔等畏难情绪，父母要从言语上及时鼓励孩子，如“你可以的，坚持”“你很勇敢”。

父母还可以设置一些有难度的活动，让孩子体验到克服困难的成就感，同时帮助孩子把这一刻的喜悦转化成战胜困难的勇气和决心。在孩子做得好的时候多问一句“你是怎么做到的？”帮助孩子积累克服困难的经验。

3. 从小为孩子树立抗挫榜样

作为父母，平时在工作生活中也难免遇到挫折，此时千万别在孩子面前抱怨、流露出对现状的无助，要保持积极乐观的心态，正确看待挫折，努力冲破困境。冲破困境后及时和孩子分享这个过程中自己的收获，即使没有很好地解决困难，也可以和孩子一起总结失败的原因以及从中学到的经验，避免以后失败。耳濡目染之下，孩子也会以乐观的心态去应对挫折。

父母除了以身作则，发挥榜样的作用，也不要忽略中外名人、文学著作的作用，可以和孩子一起看看电影《隐形的翅膀》，体悟失去双臂的主角雷庆瑶成长的经历，一起分享海伦·凯勒的《假如给我三天光明》等，在书海和别人的经验中感受不怕失败、坚忍不拔的力量。

育儿行动

避免青蛙效应，学会放手，提高孩子抗挫折能力，父母要行动起来，可以从以下活动开始：

第一，与孩子商量好自己的事情自己干，同时孩子还要做力所能及的家务。然后每天让孩子自己做，就算不会做，也不能包办代替，只能教孩子相应的劳动技能，指导孩子去做。

第二，周末带孩子跑步或爬山，当孩子遇到困难想放弃时鼓励他，当孩子成功克服困难时赞扬他。

· 29 ·

无助效应：不要让孩子带着失败的心态成长

美国心理学家塞利格曼用狗做了一个经典的心理学实验：他把狗关在笼子里，对狗实施电击，狗感觉到很痛苦，但困在笼子里怎么也逃跑不了。多次实验后，塞利格曼尝试电击前，把笼门打开，但是发现狗不但不逃，反而不等电击出现就惯性地倒在地上呻吟和颤抖——本来可以主动逃走，却选择绝望地等待痛苦的来临。后来，在对人的实验中，塞利格曼也得出了类似的结果。这就是无助效应，它是指个体在一件事情上经历反复的挫折和失败，且无法克服这种痛苦时，会产生情绪、情感、认知和行为上的消极的、无力的反应，并把这种感觉泛化到类似情境中，从而对自己丧失信心。

效应启迪

在工作和生活中，我们有时候会听到不少这样的说法，“我努力工作也没有用，反正没有人重视我”“我再怎么折腾也没用，情况已经是这样了，算了吧”“我就算再关心他也没用，反正在他眼里，我就是个不会照顾他人感受的人”等。

他们中绝大多数不是没有能力面对那些困难，而是受到无助效应的影响，陷入了一种“习得性无助”的心理状态，缺乏信心和积极性。这种无助

感会让人放弃所有的行动，自我设限，这是一件很可怕的事情。

很多孩子从小就有一个宿敌，叫“别人家的孩子”。小时候吃饭时吃一碗还是吃半碗，体重是15斤还是16斤，开口说话是1岁还是2岁，3岁会认多少字，会背几首唐诗宋词，再到上学之后的成绩单和才艺，爸爸、妈妈总是喜欢从身边给孩子找个“榜样”。

“你看看那谁谁谁，一回到家就做作业了”“谁谁谁不是这样的啊，人家多乖多听话”“你要是有某某一半优秀就好了”……这些话说者无心听者有意，对孩子来说，其实是很伤人的，久而久之，孩子可能就陷入了习得性无助的状态，带着失败的心态成长。

孩子很小心、很努力地拿起来拖把去拖地，折腾半天之后筋疲力尽，觉得终于把地板拖干净了，急忙叫来妈妈告诉她，妈妈看了一眼，说：“怎么和没拖的时候一样？”当头给孩子泼了一盆冷水。下次孩子再努力做什么的时候还是没有得到妈妈的肯定，没有体会到成功的感觉，久而久之，就受无助效应的影响，放弃做这些事情，觉得自己再怎么努力也白费了，陷入了深深的无助。父母对孩子的影响会伴随孩子一生。如果孩子总得不到最重要的人的肯定，发展成习得性无助可就糟糕了。

无助效应对家庭教育的启发是：父母不要让孩子带着失败的心态成长。尺有所短，寸有所长，每个孩子要在父母的陪伴下找到自己的优势，找到存在的价值。孩了的白信来白一次次把事完成之后所获得的成就感。相反，缺乏自信、没有内驱力就是不断地体验失败的结果。

运用建议

要保护孩子的积极性和主动性，使孩子增强自信心，培养其成就感和价值感，就不要有意无意地在家庭生活中否认孩子的努力，更不能让孩子总是体验失败，不可忽略无助效应的影响。

1. 正确认识孩子

父母需要先了解孩子这一年龄阶段的能力和身心发展特点，避免对孩子提出过高的期望。例如，刚开始学走路的孩子，你不能马上就要求他跑步；上次考试考了 60 分的孩子，你不能要求他下次就能考到 100 分。

父母需要知道每个孩子都是独立的生命个体，不同的孩子之间是没有可比性的，即便是同龄，他们的发展速度、心智水平、认知能力等也是不一样的。别的孩子这个阶段能够做到的，自己的孩子未必能做到或是超越别的孩子。孩子更需要的是纵向比较、个体内部差异评价，如他做到了之前没有做到的事情，今天比昨天有哪些进步等。

此外，父母要接纳孩子。只有从内心接纳了孩子，看孩子的眼光才会跟着改变。一张大白纸上有一个小黑圆点儿，有人看到的是小黑圆点儿，有人看到的是小黑圆点儿外的大白纸。同样，当父母关注的是孩子的优点时，看到的自然是孩子的优点；如果父母关注的是孩子的缺点，看到的就是孩子的缺点。例如，孩子写了一篇作文，肯定有写得好的地方也有写得不好的地方，是首先看到写得好的地方还是写得不好的地方，完全取决于父母是否完全接纳孩子，是否以欣赏和发展的眼光来看待孩子的成长。如果父母把写得好的词语佳句圈出来，孩子会信心满满，爱上习作；如果圈的都是写得不好的地方，孩子自然会产生抵触情绪，下次再写作的时候可能懒得动笔。所以，父母要通过接纳用心赞赏孩子，帮助他产生内驱力，避免受无助效应的影响。

2. 帮助孩子体验成功

父母可以创设合适的条件，帮助孩子体验成功。在这个过程中也要让孩子认识到，通过自己的努力是能取得成功的，要对自己有信心。父母可以设置一些具体的小目标，这个目标需要比孩子目前的能力稍微高一点点，孩子稍微努力一点点就能“跳一跳，够得着”，让孩子有成功的体验，在孩子实现目标之后及时给予强化。例如，刚开始学跳绳的孩子，可行的目标就是孩子能连续跳 5 个，在孩子通过练习实现目标之后，父母需要给予及时的反馈

去强化孩子此刻成功的感觉，比如，可以和孩子说：“通过你的努力，你学会了跳绳，爸爸、妈妈很欣赏你努力的样子。”之后，还可以给个大拇指点赞，给个拥抱或是和孩子一起做一顿美食作为奖励。奖励以精神奖励为主，尽量避免金钱或物质上的奖励，防止万一有朝一日金钱或物质的奖励减少或是没有了，让孩子没有了努力的劲头儿。

通过一些小目标的完成不断给孩子正面的强化，让孩子在这一过程中体验到成功，逐步树立起对自己的自信，从而避免受无助效应的影响。

3. 引导孩子正确归因

心理学研究表明，归因方式会对习得性无助产生影响。不同的归因方式会对孩子产生截然不同的影响。归因可以分可控因素和不可控因素。以学习为例，可控因素包括努力程度、习惯、睡眠、外界帮助，等等；不可控因素包括学习能力、运气、教师水平、班级氛围、难度，等等。

当把考试失败归因于可控因素，如努力不足，情绪不佳等时，大多数孩子不仅学会了积极归因，还增强了自信，学习成绩也相应会提高；当把考试失败归因于运气不好、试卷太难等不可控的外部因素后，孩子可能会产生无助感；特别是归因于能力低、水平差这种不可控的内部因素更可怕，孩子就会觉得“我就是这样的”“我也没办法，没水平”“反正没能力，无所谓了”“努力也没有用”，于是产生挫败感、无力感、无助感，记住的都是自己失败的形象，就会放弃进取，破罐子破摔。

所以，父母需要引导孩子正确归因，多把一件事情归因于可控因素，通过孩子的努力可以去改变，让孩子有信心去改变，少归因于不可控因素。

育儿行动

无助效应提醒父母不要让孩子带着失败的心态成长，多肯定孩子，接纳孩子，多创设机会让孩子体验成功。

第一，找到孩子身上至少 5 个闪光点并举具体事例告诉他。

第二，对孩子的成功或失败进行正确归因，使孩子有信心通过努力实现目标。

· 30 ·

踢猫效应：警惕不良情绪的破坏

一位父亲在单位受到了上司的批评，回到家看见正在笨手笨脚尝试学做饭的孩子，父亲不由分说地把孩子臭骂了一顿。孩子心里窝火，狠狠地踹身边正在“喵喵”叫的小猫。小猫吓得逃到街上，正好一辆卡车开过来，司机赶紧避让，却把路边的孩子撞伤了。这就是心理学上著名的踢猫效应，它是指当强大的一方对我们造成伤害后，我们会不由自主地将气撒到比我们弱小的一方身上，在整个过程中，伤害并没有消失，却在人群中蔓延、传染。其本质是一种情绪的传染，是人与人之间的泄愤连锁反应。

效应启迪

人的不满情绪和糟糕心情一般会沿着等级和强弱组成的社会关系链条依次传递。由顶端一直扩散到最底层，无处发泄的最弱小的那一个元素，则成为最终的受害者。

一般而言，当一个人的情绪变得糟糕时，潜意识会驱使他选择身边的弱者发泄，这样就会形成一条清晰的愤怒传递链条，最终的承受者，是最弱小的，也是受气最多的，因为也许会有多个渠道的怒气传递到他这里来。

现代社会中工作与生活的压力越来越大，竞争越来越激烈。这种紧张状态很容易导致人们情绪的不稳定，遇到一点儿不如意就会使自己烦恼、愤怒起来，如果不能及时调整，就会身不由己地加入“踢猫”的队伍——被别人“踢”和去“踢”别人。

在家庭成员中，孩子无论是年龄、辈分，还是力量，都是家庭中最弱小的，很容易成为大人愤怒传递链条末梢的那只“猫”。如果孩子不会有效调适，长此以往可能会出现心理障碍。如果孩子有比自己更弱小的对象，如弟弟、妹妹或小猫、小狗等，孩子也可能不由自主地加入“踢猫”的队伍，久而久之会形成冷漠暴戾的性格。

因此，在家庭教育中，父母需要充分地认识踢猫效应的原理和影响，增强自我觉察意识，及时认识到消极情绪的危害，学会调适自己的情绪，警惕自己在毫无察觉之时把工作上、人际交往中所受的气撒到孩子身上，为孩子树立一个善于调节情绪的榜样，营造温馨和谐的家庭氛围，培养心理健康的孩子。

运用建议

要培养孩子良好的情绪管理能力，营造良好的家庭氛围，父母应尽可能消除踢猫效应的影响。

1. 正确认识自己的错误，理性看待生活中的不如意

每个人在工作中难免会犯错误，这个时候，需要认识到别人指出问题所在只是就事论事，而不是针对自己。一个内心强大的人，能客观看待别人的批评示错，有则改之，争取下次有所成长；无则加勉，将其当作温馨的提示。而不是把别人的批评理解成“专门针对”“给穿小鞋”，这样容易把自己“逼近死胡同”，自寻烦恼。人生不如意事十之八九，唯有快乐在心头。我们要学会换一个角度看待问题，这样带来的情绪可能就不一样。

心理学上有个情绪 ABC 理论，创始者埃利斯认为，正是由于我们常有的一些不合理的信念才使我们产生情绪困扰。如果这些不合理的信念存在，久而久之，还会引起情绪障碍。情绪 ABC 理论中 A（Antecedent）表示诱发性事件；B（Belief）表示个体针对此诱发性事件产生的一些信念，即对这件事的一些看法、解释；C（Consequence）表示自己产生的情绪和行为的结果。例如，同一个诱发性事件 A 是“下班回到家看到孩子没有做作业而在吃零食”，如果信念 B1 是“孩子要听话，放学回家就应该认真做作业，不能做其他无关的事情”，那么，结果 C1 可能就表现出怒火冲天的情绪；相反，同一个诱发性事件 A，如果信念 B2 是“信任孩子，孩子做任何事情背后都有正面的动机，可能今天孩子饿了，饿了会找吃的也是会照顾自己的一种能力”，那么，结果 C2 可能就是“平和，或挺高兴的”。这样能从源头上减少自己成为那只“猫”的可能。

俗话说：“开心是一天，不开心也是一天。”为什么我们不以更积极的心态去面对每一天呢？更何况，愤怒、怨恨等消极情绪对人的身心健康是不利的。所以，父母要正确认识生活中的不如意和孩子的不良行为，树立对事件认识的正面信念，遇事冷静，避免消极情绪对自己的伤害，以及对孩子产生的踢猫效应。

2. 接受“我们是随时可能被踢的猫”这个事实

踢猫效应反映的是一种普遍社会现象，虽然我们都不喜欢自己成为那只“猫”，但这不是我们能左右的。有时候我们觉得自己明明没有错，但还是会被当成被踢的那只“猫”。虽然无辜，但也要认识到：对方是在启动踢猫效应或正在释放踢猫效应，我随时可能是那只被踢的“猫”，我需要注意！一旦真正理解了，心里就会坦然了。例如，忙了一天，爸爸如常下班回到家，刚进门口就被孩子妈妈“河东狮吼”：“下班那么晚，饭不用做了？孩子不用管了？”爸爸的第一反应可能是：“我没做错什么，你为什么要这样吼我？”然后也怒气冲天地和对方互怼。如果是这样，一场家庭大战估计是避免不了，而最惨的是孩子，他往往成了住在这个家里的“难民”。如果爸爸学习了踢猫效应，知道踢猫效应的危害，这个时候，他就会清醒地意识到：可能太太在单位或在回家路上遇到令她“上火”的事情了，也有可能是被孩子班主任打电话投诉了……太太正在转变成那只“猫”！但如果自己把火气接过来了，也将会成为下一只“猫”，然后再传递给下一个无辜的家人……踢猫效应的连锁反应正在发生，所以必须阻断！要理解太太的情绪状态，让这只“猫”到我这里停止。然后，心态平和地接纳太太的情绪，动作利落地投入到家务或孩子作业的辅导中，让太太有时间冷静一下，不造成夫妻冲突升级，为孩子营造和谐的家庭环境。

3. 跟家人约定“信号”，管理好情绪

踢猫效应还可能发生在家庭成员的互动中。例如，爸爸被妈妈抱怨了几句，爸爸心里不满，嘴上不说，但辅导孩子作业时嗓门不由得大了起来，甚至拍桌子要动手，把孩子吓得瑟瑟发抖、魂不守舍。有些父母会说：“我也知道这样不好，事后还很后悔，但每次情绪上来了还是会‘传染’开去，怎么办？”在《爸爸去哪儿》节目中，陈小春与孩子的互动可以给我们一些启示。当陈小春稍微有点生气的苗头时，其儿子就会特别冷静地问他：What's wrong with you，daddy？（爸爸，你怎么了？）以此点拨爸爸，提醒他控制好自己。从某种意义上说，儿子正在充当小春的情绪导师，他起到了阻断踢猫效应的作用。

父母可以与孩子有这样的“信号”约定：当你发现爸爸或妈妈要“踢猫”时，请在爸妈面前做“深呼吸”的动作提示；也可以和爱人商量好：当我又一次在孩子面前怒不可遏时，你就把我拉离现场。当然，如果自身管理情绪的能力比较强，不用对方提示，通过转移注意力、冷处理、深呼吸、自嘲、运动等方法能调适得更好。这就需要父母不断修炼，提升自己的自我觉察能力，一旦发现自己的消极情绪上来了，就及时识别并做出反应。

育儿行动

警惕踢猫效应，要求父母提高情绪识别能力，学会化解愤怒、抱怨的消极情绪。

第一，对着孩子、伴侣等家人，只要是愤怒、抱怨的情绪产生，就离开原处，到阳台或房间做十个深呼吸、跳一跳，或做其他事情转移注意力。

第二，与孩子建立“信号”约定：不管是谁，只要愤怒、抱怨的情绪上来了，做“stop”的手势，做双手胸前交叉动作或双手上下深呼吸的动作，以提示对方及时调节情绪。

·31·

增减效应：建立良好亲子关系有法宝

有心理学家做过这样的实验：他们找到80名大学生作为实验志愿者，将他们分成4组，每组被试者都有7次机会听到某一同学（心理学家预先安排的）谈有关对他们的评价。其方式是：第一组为褒扬组，只说优点不说缺点；第二组为贬抑组，只说缺点不说优点；第三组为先褒后贬组，即前四次评价专门说被试者优点，后三次则专门说被试者缺点；第四组为先贬后褒组，即前四次评价专门说被试者缺点，后三次则专门说被试者优点。当四组被试者都听完该同学对自己的评价后，心理学家要求被试者各自说出对该同学的喜欢程度。实验结果是：最喜欢该同学的竟是先贬后褒组而不是褒扬组。如果只是褒扬或先褒后贬均显得虚伪，而先贬后褒则显得客观与有诚心。

这个实验说明，人们最喜欢那些对自己的喜欢显得不断增加的人，最不喜欢那些对自己的喜欢显得不断减少的人，心理学家将人际交往中的这种现象称为增减效应。

效应启迪

增减效应最初是在营销学中被提出来的。推销员发现，如果他们在推销一个产品时，先指出不足，再点出优势，那么消费者通常会更愿意买下这个

产品。与之相反的是，如果在最开始指出优点，再说出缺点，卖出的成功率反而会变得很低。我们或许还听说过这样的案例：市场上有两个摊位都是卖瓜子的，一位老板的习惯是先舀一大勺儿在塑料袋里，然后按照顾客要求的重量一点儿点儿地往外面掏减；另一位老板的习惯是先舀一小勺儿，然后按照顾客要求的重量一点儿点儿往塑料袋中添加。两个老板瓜子的质量和价格都一样，但发现后者的瓜子卖得更好，回头客多。这个营销案例很生动地诠释了增减效应的原理。

增减之间有方法、有艺术。对于希望别人接受的好行为、好事情就采用“递增”强化法来使他越来越喜欢；对于不希望别人接受的不好行为或不好事情就采用“递减”强化法来使他越来越不喜欢。增减效应在家庭教育中的应用也是如此。我们既要避免做只看到孩子不足的指责型父母，又要避免做只看到孩子的闪光点而对孩子的不足视而不见的讨好型父母，还要善于运用“先褒后贬”和“先贬后褒”两种强化方式，尤其是出其不意、适时适地地运用“先贬后褒”的方式，让孩子觉得父母是“对自己的喜欢不断增加的人”，会令亲子关系更融洽，孩子习惯更良好，家庭教育质量更高。

运用建议

要培养融洽的亲子关系，在亲子沟通过程中，增减效应的作用不可低估。

1. 仅对孩子批评或表扬都不利于形成良好的亲子关系

指责型父母总是只看到孩子不好的一面，喜欢指出孩子的不足之处，往往对孩子的闪光点视而不见，一开口是就“你这个做得不好，那个不行，别人不知比你好多少倍”。久而久之，孩子在父母身上得不到肯定和鼓励，也看不到自身的优势，只关注自己的短板，孩子容易产生“我不如别人”“我没有用”的自卑心理，自我价值感较低，对孩子的心理成长极为不利，也不利于增进亲子关系。这是增减效应给我们的第一个启示。

讨好型父母，过分迷信“赏识教育”的作用，对孩子的言行举止只是看到闪光的一面，甚至煞费苦心或牵强附会地寻找孩子的闪光点，动不动就“孩子你很棒”“你很聪明”“你好厉害”，以为这样就能“夸”出好孩子，让孩子喜欢自己，与孩子建立亲密关系。其实不然，孩子长期浸泡在甜言蜜语的“蜜糖罐”里，容易迷失自我，找不到方向。长大后进入学校或踏入社会，老师、上司不会总是表扬和鼓励，这个时候孩子就很难适应，受不了批评，受不了语气重的话语，感到委屈、脆弱。也就是我们经常说的“草莓身玻璃心”，不仅不利于孩子的健康成长，也不利于良好亲子关系的建立，孩子会把所有的“委屈”发泄在父母身上，甚至还可能因此而憎恨父母。这是增减效应给我们的第二个启示。

2. 增减效应要因人因时因地使用

对于批评和表扬，父母习惯了“先提出优点再指出不足”这样的顺序。通常的表达方式是“你哪些方面做得好，但是，哪些方面不好，需要加油”。开始还比较受用，孩子听多了就不以为然了，有些孩子深谙这个话术的“套路”，觉得前面的表扬是客套话，“但是”之后的才是爸妈要说的重点。孩子在听前面的溢美之词时心情是愉悦的、表情是轻松的，但一听到后面的“但是”心情就低落下去，表情也紧张了起来。还有些父母表扬话语惜字如金，批评之词唠唠叨叨，这就更加容易引起孩子的反感。久而久之，孩子便把这个“套路”摸得一清二楚，明白了表扬是假，批评才是真！

因此，父母可以先说一些无伤自尊的小问题，然后再恰如其分地给予赞扬，会收到意想不到的效果，如“爸爸注意到你试卷有擦不干净的字迹，显得不整洁。不过，我也留意到了你做题的时候比较细心，做完之后会检查验算，拿到了高分。真为你感到高兴！”我们也可以把顺序换过来品味一下：“爸爸留意到了你做题的时候比较细心，做完之后会检查验算，拿到了高分。真为你感到高兴！但是，你卷面有擦不干净的字迹，显得很不整洁，以后要注意哦！”是不是有不一样的感受？

那么，是不是先褒后贬这个方式就不好，先贬后褒这个方式就好呢？答案自然是否定的！两种方式，都各有长处，都是常用的亲子、夫妻之间指出优点和不足的方式。我们要辩证地看待每一种方法，不能机械地照搬增减效应。所谓增减，就是强化的方法艺术而已，其目的是拉近人与人之间的距离，使双方喜欢的行为越来越多，增加喜欢度，增进双方感情。所以，仅靠褒与贬的顺序变化不能解决一切问题。倘若父母与孩子交往时不根据具体对象、内容、时机和环境都采取先贬后褒的方法，往往会弄巧成拙。

3. 善用强化方法，培养孩子良好的习惯

强化是行为主义心理学的一个名词，经常用于塑造人的行为习惯，是指通过某一事物增强某种行为的过程。增减效应其实就是强化的过程。强化可以分为四种类型：一是正强化，给予一种好刺激。为了建立一种适应性的行为模式，运用奖励的方式，使这种行为模式重复出现，并保持下来。例如，当孩子出现好的行为时，父母应及时给予奖励，可以通过言语、手势、眼神、物质、机会等表述。二是负强化，去掉一个坏刺激。为引发所希望的行为出现而设立。例如，为保护孩子视力，只要孩子不躺在床上看书、用脏手揉眼睛等，就可以免除一次家务劳动。三是正惩罚。当孩子出现不好的行为时，父母施加一个令孩子感到不愉快的刺激，从而使孩子改变自己的不适宜行为。例如，孩子对长辈不礼貌、大声说话或有讲脏话的行为，父母可以采取罚站反思的方式，让孩子认识到自己的错误。四是负惩罚，去掉一个好刺激。当孩子不适当的行为出现时，不再给予原有的奖励。例如，孩子没有整理床铺，晚上原定的 20 分钟玩游戏的机会就取消了。父母要根据孩子的实际情况灵活运用这些强化方法来增或减（或先增后减，或先减后增），充分发挥增减效应的正向作用，培养孩子良好的行为习惯，增进亲子之间的友好度和亲密度，建立良好的亲子关系。

育儿行动

灵活运用增减效应，可以较好地塑造孩子的行为习惯，培养良好的亲子关系。

第一，父母每天送孩子上学、接孩子放学或督促孩子做家庭作业时，关注孩子的闪光行为，及时给予肯定，把孩子的闪光行为描述出来，说给孩子听。

第二，父母平日跟孩子交流时，注意安排语句的先贬后褒顺序，在“但是”的后面描述孩子好的方面，“但是”的后面指明父母对孩子的信任，如“虽然你数学成绩有待提高，但你的语文学得挺好的，加油！”“虽然你比较贪玩，但你还是把作业记在了心里，说明学习在你心中是很重要的”。

第三，与孩子做约定时，善用强化方法，少用物质奖励，多用机会奖励、语言激励、肢体接触，以及负强化、负惩罚等强化方式培养孩子的好习惯。

·32·

自己人效应：努力成为孩子的知心朋友

所谓自己人，是指对方把你与他归于某一方面同一类型的人，双方是有共同点的。要使对方接受你的观点、态度、价值观，与你合作，你就需要与对方保持同体观的关系，即要把对方与自己视为一体，心中有他。自己人效应就是当人们面对自己人时，心理上不会觉得有压力，也无须持有戒备心，对自己人所说的话更信赖、更容易接受、更容易建立友好的合作关系。这与社会心理学家纽卡姆在1961年通过一项实验得出的结果是一致的——彼此间的态度和价值观越是相似的人，相互之间的吸引力越大。

效应启迪

自己人效应在人际交往中可谓无处不在。例如，两个人初次见面，如果知道是来自或去过同一个地方、同一所学校毕业、有相同的工作经历、有相同的语言、有共同的兴趣爱好、有一样的理想……这些共同点很容易拉近二者的心理距离，消除陌生感，产生自己人效应。不仅容易获得对方的支持与共鸣，也容易把握对方的情感与反应倾向，因此很容易相互适应，建立起和谐的人际关系。常言所说的“老乡见老乡，两眼泪汪汪”“英雄所见略同”“同是天涯沦落人，相逢何必曾相识”，就是自己人效应的最直观表述。

由此可见，我们想要与他人建立和谐的人际关系，想要对方易于接受自己的观点、意见，就不能不有意识地强化自己人效应。

可是，在亲子关系中，父母和子女以及爷爷、奶奶和孙子、孙女之间本来就是一家人的关系，是亲得不能再亲的血缘关系，是如假包换的自己人，该效应在家庭的人际交往中还适合吗？答案当然是肯定的。自己人效应中的自己人，并不只是社会关系中的自己人，更是指心理关系、内心感受的自己人。随着孩子青春期的到来，孩子的身心发育、知识水平和兴趣爱好都发生了变化，如果父母跟不上孩子的节奏，双方发生摩擦，甚至发生冲突，这个时候父母开始觉得："孩子怎么离我越来越远了？原先喜欢围在我身边问'十万个为什么'的那个孩子怎么变成了一个不喜欢跟我说话的小大人了？"其实这种现象就是人们常说的代沟。既然是代沟，就是两者之间有距离，有些亲子间是小沟，有些亲子间是鸿壑。这样从心理感受上就很难是自己人了。因此，在亲子关系中，父母要灵活运用自己人效应，使孩子感觉父母是尊重自己的，是真心为自己着想的、有共同语言、无话不说的知心朋友。只有这样，才能使亲子关系更加和谐亲密。

运用建议

父母若能灵活运用自己人效应，与青春期的孩子成为知心好友并不是难事。

1. 树立平等尊重观，奠定自己人的基础

父母要赢得孩子的信任，缩短和孩子的距离，就要有平等尊重的育儿观。如果父母将孩子看成一个与自己平等的、独立的个体，尊重孩子的人格，尊重孩子的想法，而不是把孩子当成自己的附属品，不包办孩子力所能及的事情，不动辄打骂孩子，孩子就会充分发挥潜能，逐渐形成健康的自

我，拥有健全的心理品质，自然与父母的关系融洽。反之，如果父母不尊重孩子，总是想着“不论孩子长多大都是自己的孩子”，凭自己的主观愿望去硬性塑造、设计孩子的人生，不考虑孩子的兴趣爱好和内心感受，孩子往往会在挫败感和压力感的笼罩下渐渐地丢失童年的快乐和自我发展的动力，形成不健康的心理品质，甚至敌视父母，导致亲子关系一塌糊涂，自己人效应根本就无从谈起。

因此，我们要记住：父母的爱是无条件的爱，不仅要尊重孩子生存、生活方面的权利，还要善于发现孩子的独特个性，真诚地学习孩子身上的优点，鼓励孩子的点滴进步，使孩子觉得父母是心中装着他的、为他着想的、为他说话的、真正的自己人。这样的亲子自然就是亲上加亲的知心朋友。

2. 寻找共同语言，突破“自己人”的障碍

孩子年龄逐渐增长，但一些家庭的亲子互动仍然停留在比较浅显的层面。例如，父母除了问青春期孩子“你吃饭了吗？衣服够吗？作业做完了吗？考试成绩如何？”就没有其他话可说了。有些父母说，孩子长大了，他们有自己的交友圈子，爱看什么书，做什么运动，听什么歌曲，追什么明星，玩什么游戏我们都不清楚。孩子也不主动跟我们说，有时候我们问起，孩子说的我们也听不大懂，也没有兴趣去深入了解。所以，多少有点儿“道不同不相为谋”的感觉，没有共同语言、没有共同追求、没有共同价值观，不可能成为自己人。正所谓志同才能道合。因此，要寻找与孩子的共同语言，才能突破与孩子成为自己人的障碍。

事实上，要想和孩子有共同的话题，父母应该提高对新鲜事物的好奇心，与时俱进，不断认识新的事物，这样才能不断地找到共同语言。例如，五年级的孩子喜欢玩魔方，遇到难题的时候来找爸爸解决。假如爸爸说：“自己玩儿去，我不懂。”孩子就觉得真没意思。假如爸爸表现出浓厚的兴趣，抽空和孩子一起研究，上网查教程，不懂的还反过来请教孩子，那么孩子自然觉得爸爸有意思。其他的孩子喜欢下棋、听音乐、玩电子游戏、聊天下大事、各类运动等也是如此，如果父母能多学习多了解一些，跟孩子的共

同话题自然就多了。当然，要父母在忙碌的工作之余再去了解学习孩子的兴趣爱好，多多少少会觉得力不从心。但是，孩子的成长不能重来，孩子的成长需要父母的关爱与支持，更何况现在是知识社会，终身学习时代，和孩子互相鼓励、共同学习不仅是亲子共成长的需要，也是亲子间深层次精神交流的需要，有利于促进亲子互动，其乐融融、家庭和谐幸福，何乐而不为呢？

3. 采用“先跟后带”法缩短亲子间的心理距离

一些父母认为孩子没有自己的人生经历丰富，思考问题也没有自己周全，或者由于当时的心情不好，对孩子的想法往往没有聆听，急于否认、反驳。孩子被否认后自觉没趣，心门逐渐关闭，变得越来越不愿意跟父母交流，这样对亲子关系破坏力很大。例如，一个数学成绩不大好的孩子说：“爸爸，我长大了想当建筑师。”如果爸爸说：“当什么建筑师，当水泥工还差不多，你数学成绩这样差，你先好好学你的数学吧。”这样不仅打击了孩子，连谈话也没办法进行下去，孩子又怎么会觉得爸爸是自己人呢？

其实，爸爸可以尝试这样与孩子对话：“你想当建筑师啊，这个想法真是太棒了。能说说为什么要当建筑师吗？”爸爸先是“跟”孩子的想法，问孩子问题，以便搜集更多资料，找到共同语言，产生共鸣。孩子可能会说：“做建筑师可以盖房子啊，可以改善我们家的居住条件，而且我想给自己盖一栋漂亮的房子。”“你的想法真好，想改善我们家的居住条件。”爸爸接着“跟”，肯定孩子的动机。然后话锋一转，由“跟”变成“带”，问“那怎么样才能做工程师啊？”引导孩子自己思考。孩子可能会说：“我知道，要会画画儿，数学要好，还要考上一个好的建筑大学。”爸爸高兴地鼓励孩子：“哦，你的画画得不错，数学需要加强，我相信你会考上一个好大学。”

对比以上两种沟通方法，“先跟后带”法更容易让孩子接纳，利于建立亲密的亲子关系。需要注意的是，“先跟后带”法并不意味着迁就、讨好、献媚、拉拢，而是先认同孩子的想法，与孩子共情，然后按孩子的思维逻辑进行推理，最后让孩子认识到自己的想法有问题，从而达到沟通目的，也让孩子喜欢自己。

4. 父母要优化并展现良好的个性品质

人们一般都喜欢真诚、热情、友好的人，讨厌自私、奸诈、冷酷的人。有着良好个性品质的人，更容易令他人内心产生自己人效应。而有不良个性品质、生活习惯的人，他人内心会排斥反感，敬而远之。这也就是在人际交往中经常说的“人格魅力”。国外有位学者曾列出555个描绘人的个性品质的词汇，然后让众人说出他们喜欢哪些个性品质，并说明喜欢的程度。结果发现，评价最高的是真诚，评价最低的是虚伪。我国的学者也做了相关研究，发现人们在进行哪种人可以成为自己人的选择时，主要考虑以下九点：一是会合作、能谦让、懂体谅；二是讨论问题而不是主观固执；三是思想比较成熟，可以给自己帮助；四是热情坦率，愿意谈心里话；五是性格活泼，爱好广泛；六是以大局利益为重，而不是自私自利；七是有责任感，能善始善终；八是能正确认识自己；九是思维活跃，有思想，有创新精神。

父母可以对照以上九点，用以指导自己在亲子互动中的行为，以赢得孩子的崇拜，吸引孩子成为自己人。当然，人无完人，同时具备以上九点优秀的个性品质的人一定是非常优秀的人，很多父母不一定做到如此完美。世界上没有完美的父母，只有不断肯为孩子修炼自己的父母。

育儿行动

运用自己人效应，要求父母要尊重孩子，友善对待孩子，寻找与孩子的共同点。

第一，面对孩子的兴趣爱好，父母要保持童心和好奇心，降低姿态，不耻下问，至少学会一项孩子的兴趣爱好。

第二，和孩子聊天或提要求时，请父母采用“先跟后带”法，先认同孩子，聆听孩子的想法后，再表达自己的观点，然后以商量的口吻讨论或引导。

养育方式篇

· 33 ·

首因效应：每天给孩子好心情

心理学家曾经做过这样的实验：让学生评价一个人，把学生分成两组：第一组先看介绍这个人内向的材料，然后再介绍这个人外向的材料；第二组恰恰相反。结果是：第一组大部分评价他为内向，第二组评价的多为外向，这个现象被称为首因效应，又称第一印象。它是指第一次接触陌生人或事物形成的印象，也就是对陌生人或事物的知觉，往往会先入为主，给人留下的第一印象会在对方的头脑中形成并占据主导地位，发挥着更大的作用。

效应启迪

首因效应在人际交往中应用广泛，特别是在交友、谈判、求职等社交活动中。如果运用好这种效应，能展示给人一种极好的形象，使两个陌生人马上产生好感，消除尴尬、紧张和不适等感觉，希望继续交往，增进关系，为日后的交往打下良好的基础。相反，不好的、负面的第一印象，则会增加两个人的焦虑与紧张，以致希望快速结束交往或拒绝继续交往。问其原因，当事人往往很难说得清楚，只是笼统地感觉到“有感觉”“挺好的”“喜欢”，或“不喜欢”“讨厌”。所以，首因效应给我们的启示是：给别人的第一印象很重要，但我们也不能完全相信这个第一印象，要防止第一印象给我们带来的认知偏差，以免对人产生偏见。

首因效应更适合陌生人的交往，可是，在家庭生活中，夫妻间、亲子间、家人间已经非常熟悉，不可能是陌生人，首因效应用在家庭的人际交往中适合吗？答案当然是肯定的。人是感情丰富的动物，人对情感的需求绝不仅仅满足于初次见面，而是经常甚至时时刻刻。更何况，每一天对每一个人而言都是新的开始、新的感觉；孩子离家上学一天，下午放学回到家；夫妻分开上班一天，晚上回到家；夫妻出差一段时间回到家；家人从没有接触过的新活动、新生活……诸如此类的情况是不是"初次""陌生"？是不是需要第一印象？至少可以说，这些是更微小的、更直接的、更生活化的第一印象。而家庭生活就是由这些具象的、微小的第一印象组成的，首因效应必须也应该在家庭生活中发挥作用。只有这样才能使夫妻关系、亲子关系、家人关系更加和谐亲密。

要建设良好的家庭人际氛围，首因效应的作用不可低估。

1. 每天要给孩子好心情

清晨，很多家庭中会出现此起彼伏的嚣叫、责骂、争吵声："起床了！几点了！""快点儿，别磨蹭了！""穿鞋都不会，真是的！""快走了，迟到了！"几乎每天不少父母为了让孩子起床、洗漱、吃早餐、上学不迟到，操碎了心，甚至产生亲子矛盾，大家都带着不良情绪上班或上学。孩子带着这样的情绪在课堂上能安心学习吗？能积极回答问题吗？能友善地与同伴交往吗？这就是每天的不良第一印象对孩子的影响。其实，每天清晨，经过充足睡眠后，每个人的心境都是充满阳光、喜悦、轻松而精神爽利的，完全可以

迎接工作和学习的挑战。如果家人，特别是父母给孩子的不是责骂、催促，而是微笑、鼓励、拥抱，那么孩子的心境会更阳光，孩子也更充满力量，他的学习会更积极主动，也更有效率，就算学习遇到困难也有充足的力量去面对。这就是首因效应的魅力。同样，孩子放学回家，父母以何种心情、何种态度来迎接刻苦学习一天的孩子回家？是好的、正面的第一印象？还是不好的、负面的第一印象？这不仅决定了良好的亲子关系能否确立，也决定了孩子是否更喜欢学习。

所以，运用首因效应就要每天给孩子好心情，不管是去上学还是放学回家，都要给孩子微笑的、鼓励的、关爱的第一印象。不仅亲子之间如此，夫妻之间也需要如此，特别是出差一段时间回到家更需要良好的第一印象，让家更充满爱和归属感。当然，也有父母会追问："孩子早上确实不愿意起床怎么办？"其实，父母要相信首因效应的力量，并在此基础上与孩子制定规则，规定什么时候起床，不起床会有什么后果，两者相结合就能解决问题。首因效应是处理人与人之间关系的艺术，而不是规则本身。

2. 面对不良行为先肯定后提出建议

人无完人，人们在工作、学习、生活中会不可避免地出现一些令人不满意的行为表现，甚至是错误。如果直截了当地指出、责备或批评，不仅很难让人接受，还会恶化良好的人际关系。此时，变换一下语序也许会产生截然相反的效果，这也是首因效应的作用。例如，可以先肯定和表扬孩子把字写得工整，然后再指出他做作业时拖拉磨蹭；可以先肯定和表扬孩子有问题就积极提问的态度，然后再指出他遇到问题时没做到先自己想办法解决。这样的第一印象会让人更容易接受，也更容易建立良好的亲密关系。

3. 别因为工作忙而让孩子产生陌生感

不少父母迫于工作和生活的压力，忙于工作和事业发展，无奈把孩子交给祖辈照顾，或者加班加点几天不能见孩子一面，或者由于工作劳累，就算回到家，人在心不在，疏于陪伴孩子，使孩子对父母产生了距离感和陌生感。久而久之，亲子关系就会逐渐疏远，日后重建良好亲子关系的代价会更大，发生首因效应的成本也会更高。因此，父母要时刻提醒自己：下班的路是回家的路，只有缩短亲子间的距离，得到孩子的信任，形成融洽的亲子关系，才能为实施有效的家庭教育奠定基础。

育儿行动

运用首因效应，要求父母每天给家人留下良好的第一印象，每天给孩子好心情。

第一，每天上下班给爱人一个深情的拥抱、一句温暖的问候。

第二，每天早上给孩子一个微笑、一句赞许、一点抚摸，让孩子开开心心地上学去。孩子放学回家时，热情温暖地说："妈妈为你准备了好吃的，欢迎回家！"

· 34 ·

近因效应：让孩子的发展可持续

1957 年，美国心理学家卢钦斯做了一个著名的实验，发现在总体印象形成过程中，新近获得的信息比原来获得的信息影响更大，这个现象就叫近因效应。无独有偶，中国历史上也有这样一个家喻户晓的故事：清朝末年，曾国藩在外带兵打仗，有一段时间他总打败仗，不知该如何写奏章，又不敢谎报军情落个欺君之罪。师爷在奏章中写道：臣屡战屡败……细述打仗的艰辛，以求皇帝谅解。曾国藩看过后，把句中的“臣屡战屡败”改为“臣屡败屡战”。皇帝读后，不但没有惩罚曾国藩，反而嘉奖他。曾国藩超前的智慧早已证明了近因效应的魅力。虽然只是调整了“战”和“败”两个字的顺序，但给人的印象却完全不同。“屡战屡败”是失败者形象，而“屡败屡战”却是不畏失败、顽强奋战的勇将形象。近因效应在人与人的交流互动和孩子的教育中也有着广泛的应用。

效应启迪

在与熟人交往时，近因效应的影响尤其明显。例如，平日夫妻感情都挺融洽的，却因为生活琐事或者不中听的一句话引发争吵。争吵中夫妻被当下信息所占据，忘记了平日恩爱的情形。再如，本来一直都感觉孩子在学习上表现很不错，但孩子这次期末考试退步了很多，父母可能马上就批评孩子学习不努力或者指责孩子让自己丢脸，结果孩子感到无限挫败，有可能日后对考试产生焦虑和恐惧心理。在这些熟悉的家常事中，我们不自觉地受到了近因效应的干扰，这就提醒我们在跟熟悉的家人交流时，不要因一时一事就急于做出不全面的判断和评价，更不能被最近、最新的现象蒙蔽双眼，造成情感堵塞，随便就全盘否定某个人某件事儿，从而产生偏见或者误会，伤害彼此的感情和打压向上的动力。我们要全面地考虑问题，既要立足现在，又不要忘记过去，还要展望未来，这才是我们应有的态度。只有这样才能采用合情合理、公平公正的方式对待新近发生的问题。同时，在与家人交流时，如果我们能巧妙地运用近因效应，尤其是在批评性语言的结尾加一点儿激励，给家人一点儿安慰，就可以增强语言的亲和力，丰富语言的弹性，让人感到忠言也“顺耳”，从而体察到我们的良苦用心，更愿意接受我们的意见和批评。

运用建议

孩子的成长是一个复杂而漫长的过程，智慧的父母会不断研究孩子的心理特点，巧妙地运用近因效应，及时清除孩子的情绪垃圾，让孩子以积极向上、饱满的状态去迎接成长。

1. 教育孩子要有全面、可持续发展的视野

有的孩子在家曾经一直是父母的乖宝宝，在学校是品学兼优的学生，可是有一天父母发现孩子学习退步了，对父母也不再像从前那样言听计从了，或者犯了其他什么大错。这时，很多父母就会受近因效应影响，觉得孩子变坏了，甚至控制不住自己的情绪，对孩子说一些言辞过激的话，如“你怎么会变得这么差啊？”“你真是无药可救！”“你变得让父母都不认识了”。父母

这些言语不但会进一步挫败孩子的信心，而且有可能会激怒孩子，诱发孩子的逆反心理，导致破罐子破摔，这就违背了父母的初心。

当孩子突然有一些不符合先前常态的行为出现时，父母一定要耐住心性，不轻易地责骂孩子，要用可持续发展的态度和眼光来对待孩子的变化，坚信孩子不可能一瞬间变坏，也不可能一夜间就会变好，事物间的变化总有一个变化发展的过程。这样我们才能克服孩子不良表现的近因效应，对孩子的变化多一分好奇、多一分耐心去倾听。在全面了解孩子内心想法和现实困境的基础上，及时给予恰当的理解和实际的帮助，引导孩子直面问题战胜困难，重拾信心迎接美好的未来，方为上策。

2. 批评教育孩子的语言要以鼓励结尾

近因效应向我们揭示了这样一个现象：最后一句话决定了语言的情感基调。父母批评完孩子后加上一句“也许，我的话重了点儿，但愿你能理解我的一片苦心”，或者轻声细语地说：“我知道你心里很难受，也知道你此刻一定恨透了我们的严厉，但我相信你一定能理解我们的苦心，每个人都会犯错，改过来就好，希望你能放下心理负担，重新找准自己的位置轻装上阵。”必要时甚至向孩子说声“对不起，我刚才太激动了，相信你能做更好的自己”。最后的一句自我检讨或道歉就成了画龙点睛之笔，催化教育效果的达成，使受批评的孩子更乐意去反思自己的行为，更愿意听从父母的教诲。同样道理，如果夫妻吵架了，有一方主动承认自己的不是，向对方真诚地道个歉，对方也许很快就释怀了，夫妻又重归于好。

俗话说：“打个巴掌给颗糖。”这就是近因效应的作用，糖会让挨打的人忘记前面的一巴掌之痛，能够有效平复心情，以更加轻松和愉快的心情接受批评和建议。很多孩子都有这样的委屈，觉得父母总是有意无意伤害自己，却从来没有对自己说过一句“对不起”，于是长期积怨，耿耿于怀。这样的教育自然难让孩子的健康情绪得到可持续发展。因此，智慧父母教育孩子的语言要以鼓励结尾。

3. 平常的语言表达要重视语句的先后顺序

父母在跟孩子交流时要注意语句的前后顺序，最后一句话要突出孩子的优点或者让孩子看到希望，也就是说，父母的语言表达应充分运用近因效应的积极影响。例如，对孩子说："完成作业应该没有什么问题吧？今天的作业难度确实比较大。"或者说："尽管今天的作业难度比较大，但我相信你可以做好的！"又如，父母常在别人面前说孩子："他其他方面都挺优秀的，就学习成绩不是很好。"或者说："他虽然学习成绩不是很好，但其他方面都挺优秀的。"这些句子前后两种表达，意思是一样，但因语句排列的位置顺序不同，给人的印象就完全不同：前者给人留下消极的印象，后者则给人一种积极乐观的印象，有助于孩子形成积极自信的自我认同感，催生向上的动力。

育儿行动

第一，批评教育孩子结束时，多加一句："爸爸（妈妈）也有不对的地方，希望你能理解爸爸（妈妈）的苦心，爸爸（妈妈）相信你，加油！"

第二，平日跟孩子交流时，注意安排语句的先后顺序，要在"但是"的后面描述孩子好的方面，"但是"的后面指明父母对孩子的信任。例如，"虽然你数学成绩有待提高，但你的语文学得挺好的，加油！""虽然你比较贪玩，但你还是把作业记在了心里，说明学习在你心中是很重要的嘛""虽然你感觉学习很辛苦，但是爸爸还是看到你很努力，相信你能行！"

·35·

刻板效应：养育方式不能一成不变

苏联社会心理学家包达列夫做过一个有趣的实验：他将一个眼睛深凹、下巴外翘的人的照片分别给两组被试者看。他告诉第一组被试者“此人是个罪犯”；告诉第二组被试者“此人是位著名学者”。然后，请两组被试者分别对这个人的长相进行评价。结果，第一组被试者说：“此人眼睛深凹，表明他凶狠、狡猾，下巴外翘，反映了其顽固不化的性格。”而第二组被试者说：“眼睛深凹，表明他具有深邃的思想，下巴外翘，反映他具有探索真理的顽强精神。”为什么两组被试者对同一个人的照片所做的评价竟有如此大的差异？这就是典型的刻板效应，又称刻板印象、定型效应，它是指人们习惯性地用刻印在自己头脑中的关于某人或某事、某一类人或某一类事的固定印象，作为判断和评价人或事的依据的心理现象。就像前面的实验，如果把某人当作“罪犯”来看，被试者自然就把他的长相特征跟“罪犯”的性格特点联系起来，如凶狠、狡猾、冥顽不灵；而把他当“学者”来看时，被试者便会把相同的长相特征跟“学者”通常会有的深邃的思想和坚韧的意志联系起来。

我们在生活中常常无意间就会受到刻板效应的影响，习惯用老眼光去看

待人和事，平素积累起来的对某人某事的看法直接影响以后对该人该事的评价。刻板印象建立在对某类人个性品质抽象概括认识的基础上，反映了这类人的共性，有一定的合理性和可信度，有助于对人迅速做出判断，增强人们在沟通中的适应性。例如，社交上当我们听到对方说自己是东北人时，我们马上回应“东北人，豪爽！”一下就把彼此间的距离拉近了。但是刻板效应忽略了个体的差异和个体的发展变化，使人的认知固化，容易造成认知上的偏见，从而影响正确的判断。

在家庭中，孩子尤其容易受到因刻板效应产生的误会和威胁。当孩子在某一方面有进步或学业上取得好成绩时，相当多的父母不是肯定赞赏孩子，而是告诫孩子：“别高兴得太早，你原来的基础不是太牢固。”当孩子逐渐长大，越来越远离父母时，不少父母很无奈：“以前我和他关系很好的，他什么话都跟我说，现在我说十句，他也不说一句。”其实这就是先入为主、惯性思维、一成不变的刻板效应，我们总用以前、过去、很早的时候所留下来的印象来看待不断变化的社会、不断变化的环境、不断变化的孩子。所以，许多情况下，并不是孩子有什么问题，而是以前留在我们大脑里的刻板印象使然。

1. 提醒自己不要把孩子的不良表现形成刻板印象

不良行为的刻板印象，会让父母用旧印象掩盖孩子的新变化，对他们的点滴进步，选择视而不见；也会让父母只看到孩子不行的方面，而看不见孩子其他行的方面。很多父母都有这样的体会，当我们越指责和批评孩子的某个缺点时，孩子的这个缺点不但没有改正，却发现它反而越来越严重了。为什么会这样呢？这就是刻板印象威胁的效果。比如，父母一旦形成“孩子做事慢、爱拖拉磨蹭”的刻板印象，出于认知一致性的需求，父母就会不自觉地寻找生活细节、寻找孩子那些拖拉磨蹭的时刻，来证明自己的评价是对

的。当父母想证明自己是对的时候，也恰恰越忽视了孩子偶尔的行动利索或小步子的进步，同时也越强化了孩子“你不行”的信念，孩子也就更没有信心做好这件事儿了，结果当然就恰如父母所言了。从这个意义上来看，聪明的父母一定已经发现：很多时候，孩子不行，恰恰是父母说他行的时候太少了。父母正确的做法应是去寻找孩子问题的“例外”时刻。例如，你发现孩子今天起床比昨天快了不少，只叫一次就起来了，马上告诉他：“你今天起床比昨天快了很多哦，今天有进步，加油！”而不是用原来的刻板印象来怀疑孩子：“今天这么快起床，太阳从西边出来了。”或者不满意：“能够每天这么早起床就好了。”父母不被刻板印象左右，而是去发现孩子问题行为中的“例外”进行强化，这样就为孩子指明了方向，未来可期。所以，家庭教育中，父母要有意识主动避免刻板效应出现。

2. 父母也要避免对好孩子形成刻板印象

有的孩子在家表现挺好，或者是从小各方面都表现挺好，父母容易对孩子的好行为形成刻板印象，对孩子在某些方面或者是不同环境下表现出来的问题缺乏敏锐的洞察力，从而错过了最佳的帮助或教育契机。例如，当幼儿园或学校老师向父母反映孩子的某些问题时，有的父母可能觉得孩子在家表现挺好，没有重视，也没有及时地了解和教育，当孩子的问题越来越严重时才发现积重难返，后悔莫及。

3. 家庭养育方式要顺应孩子的发展变化

有的父母刻板地认为好孩子是不可以反抗顶撞父母的，也有很多父母都觉得孩子越大越难管教，他们发现孩子在三四年级前都是非常听话的，不知为什么上五年级或者上中学就开始爱顶嘴了，变“坏”了，于是寄望于通过暴力或强硬的手段进行打压，结果亲子关系越来越糟，教育也越来越没有效果。其实这并不是孩子变坏了，而是父母教育孩子的方式和方法没有随着孩子的年龄增长、身心发展不断做出调整。例如，过于严厉和高要求的管教方式对塑造孩子早期的好习惯也许起到了很好的效果，但是随着孩子逐渐长大、自主意识增强，特别是进入青春期后，过于严厉的管教方式就行不通了。其实，亲子冲突恰恰是对父母的一个提醒和警示，这时智慧的父母就要增强自我觉察，不能任由自己的刻板印象影响孩子的健康成长，而是要加强自我学习和反思，寻找更合适的养育方式。

4. 多个孩子的家庭尤其要打破刻板印象威胁

有些家庭有两个或以上的孩子，父母经常把乖巧、听话、好学上进、容易教的孩子定义为好孩子，并不断夸赞；把爱较劲、懒散、调皮、不爱学习、难教的孩子定义为坏孩子，并不断地拿兄弟姐妹来比较证明某个孩子不好。结果就是，所谓的好孩子越来越好，越来越优秀；而父母眼中的“坏孩子”越来越糟糕，越来越逆反。因此，有多个孩子的家庭，父母要认识到同样是自己生的孩子也会有个性上的差异，性格的不同，这并不代表某个孩子就有问题。父母要学着因材施教，对不同个性的孩子用不同的方法，看到不同个性的孩子有自身的正向意义和价值。

育儿行动

刻板效应提醒我们在对待家人和孩子时，要尽可能避免成见，要善于去发现对方的新变化、新进步，也要主动去学习和改变自己对待家人和教育孩子的方式方法。

第一，把“你怎么（为什么）总是……”“算了，我已经说了多次了，你改不了的！”这样习以为常的语言从自己的语句库中删除，增强自我觉察，及时把话收住，对于类似具有杀伤力的语言尽量少说、不说。

第二，有意识打破自己的成见，以空杯心态尝试每天发现孩子、家人的一个新变化、新进步。

·36·

登门槛效应：教育孩子要循序渐进

美国社会心理学家弗里德曼等人在1966年做了这样一个实验：实验者到两个居民区劝人在房前竖一块又大又不美观写有“安全驾驶”的标语牌。他们在第一个居民区直接提出这个要求，遭到很多人的拒绝，接受者只有17%。在第二个居民区，他们改变策略，先请求各居民在一份赞成安全驾驶的请愿书上签字，几乎所有的居民都同意了这一个微不足道又无害处的请求，两个星期后实验者再向他们提出竖牌的请求，第二个居民区的接受者达到55%。这就是登门槛效应，又叫得寸进尺效应，它是指一个人一旦在先前接受了他人的一个难以拒绝的小小要求时，为了避免认知上的不协调，主观上想给他人留下前后一致的印象，接受更大要求的可能性就提高了。

效应启迪

在人际交往中，当我们要求某人做某件较大的事情又担心他不愿意做时，可以先向他提出做一件类似的、较小的事情。俗语说：“一步登天为拙招，得寸进尺方有效。”当我们想要得到帮助或者许可时，可以先将“门槛”降低，赢得对方的合作，再逐步达成自己的目标。

父母培养孩子也要认识到登门槛效应的作用，对孩子的要求从门槛开始，才有可能迈入他的“心槛”，进入“心门”，顺利赢得合作。同时父母也要有反“欲望门槛”的意识，谨防孩子在欲望的路上越走越远。

在家庭教育中，父母要充分地运用登门槛效应，用小步子、分阶段、循序渐进的方法培养孩子的习惯和提升孩子的能力，同时也要有防范孩子“欲望门槛”的意识。

1. 父母对孩子要避免“一步登天”的高要求和高期待

在教育孩子上，父母总是容易忽略孩子的实际水平，急功近利，过高要求，结果适得其反。例如，有个孩子本来在学校各方面都挺好，成绩优秀且是班干部，可是父母希望他更加出众，期望他小升初能进入名校，于是又在校外给他报了语、数、英三门课的周末辅导班。孩子向父母反映，这个辅导班的授课内容难度很大，每次在辅导班的考试都是20来分，加上辅导班作业又多，孩子对父母表现出不想去上辅导班的意愿。但是，父母却认为他在辅导班考出这么糟糕的成绩，是因为不认真，于是经常责骂批评，后来的结果是这个孩子连学也不愿意上了。如果这个孩子的父母能够客观地认识到孩子的实际水平，当发现孩子在校外辅导班学习很吃力，成绩也很差时，父母能够及时地意识到这个“门槛”对自己的孩子来说太高了，反思自己的期待虽然完美，但是并不符合孩子的实际，主动降低“门槛”，停止因成绩差的责骂批评，甚至果断放弃这个不适合自己孩子的校外辅导班，那么这个在学校表现优秀的孩子就不至于沦落到厌学甚至不上学的地步。可见，父母“一步登天”的高要求、高期待，我们成年人看着很完美，但对孩子而言却像一座无法翻越的大山，压得他喘不过气来，挫败了他原有的向上的动力。

2. 父母教育孩子要有耐心且恪守循序渐进的原则

父母在育儿的过程中应从孩子的实际出发，并予以足够的尊重，根据登门槛效应提出一个孩子容易达成的小目标，让他不好拒绝，而且努力一下就能达成，还可以获得成就感。下一步再提出进一步的要求时孩子也容易接受，更何况上一次获得的成就感又会进一步推动孩子有力量去接受更大的挑战。这就是一个循序渐进，最终达成目标的过程。例如，父母想让孩子去学溜冰，孩子却说不，这时该怎么做呢？精通登门槛效应妙用的父母当然不会放弃，会进行这样的尝试：有一天，他把孩子叫过来一起在淘宝看溜冰鞋，问孩子哪一款好看；接着把溜冰鞋买回来，孩子有了接触溜冰鞋的机会，加上好奇心和父母有意无意的"要求"："这么好的天气，漂亮的溜冰鞋正是用武之时"，鼓励孩子去试一下。孩子试着试着，感觉溜冰很好玩很有趣，也许就学会了。还有这样一个事例，有个妈妈买回一本书，孩子不喜欢看，有一天，妈妈实在无事可做，就拿起这本书念了几页给孩子听，过了几天，她发现孩子竟然把这本书后面的内容看完了。这个妈妈一次偶然的先带后放，恰恰无意中运用了登门槛效应，让孩子体验到了阅读的乐趣。所以，父母要有耐心，因为孩子的拒绝或不喜欢是暂时的，只要循序渐进地提出要求，是有改变的余地的。

3. 父母要有反"欲望门槛"的意识

孩子有各种各样的想法和欲望，他们会想尽办法争取父母的同意，父母在该坚持的原则上一定要坚持，切忌妥协，否则换来的是孩子的得寸进尺。例如，孩子想要玩手机，于是跟妈妈商量：

孩子说："妈妈，你的手机给我玩一下。"

妈妈说："不行！"

孩子说："求求你给我玩一下嘛，就玩 20 分钟，20 分钟就好！"

妈妈以为这是微不足道的要求，随口就答应："好吧，说好啦，只能玩 20 分钟。"

孩子一阵狂喜，结果20分钟到了，孩子又说：“哎呀，我这局游戏还没结束，拜托您让我打完这局吧！”妈妈看到孩子可怜兮兮地央求，于是又同意了……孩子得寸进尺的伎俩屡试不爽，结果孩子常常一玩手机就是很长时间，而且越来越迷恋手机，直到孩子成绩退步了，妈妈才发现积重难返，妈妈不给他玩手机，他竟然用不上学来威胁妈妈。因此，父母要有反“欲望门槛”的意识，不该妥协的时候一定不能妥协。在大原则面前，说一就是一，说二就是二，才能培养出自律守规则的孩子。

育儿行动

登门槛效应告诉我们，父母对孩子的要求和期望要做到循序渐进，万万不可操之过急、揠苗助长；父母面对孩子的欲望，该坚持的原则一定要坚持。

第一，当孩子拒绝自己的要求时，想一想该如何把这个要求分解成多个小目标，分阶段来获得孩子的合作，最终达成。

第二，当孩子让自己满足他的欲望时，要约定可测量可操作的准则，并坚定地坚持这个准则。

· 37 ·

潘多拉效应：越控制越叛逆

古希腊神话中，宙斯把一个盒子交给一个名叫潘多拉的女孩，并且告诉她在把盒子交给丈夫前绝对不能打开。“为什么不能打开？里面到底是什么呢？”潘多拉越想越觉得奇怪，越想越有打开盒子的冲动，她终于忍不住打开了盒子。然而，盒子里面装的是人类的全部罪恶，就在潘多拉打开盒子的那一瞬间，疾病、战乱、灾难、邪恶……全跑到了人间。心理学上把这种“对越是禁止的事情，越想去做；对越是不让知道的东西，越想知道；对越是得不到的东西，越想得到”的现象叫作潘多拉效应，也叫禁果效应。

效应启迪

潘多拉效应的产生源于人的好奇心和逆反心理，也就是如果不充分说明让人信服的理由，就一味简单粗暴地禁止，反而会激发起人们更加强烈的欲望。试想，如果宙斯先耐心地向潘多拉解释盒子里面装的是人类的罪恶，一旦打开会有什么后果，也许潘多拉就不会去打开。生活中也不乏这样的现象。例如，父母越是禁止青春期的孩子跟异性的来往，这类孩子通常越是早早地就开始了恋爱；家长越阻止孩子玩手机，孩子就越是偷偷地半夜起来玩手机……因此，当我们要求别人做什么或不做什么时，一定要充分说明理由，让对方信服。简单粗暴地禁止，只会事与愿违。

父母在育儿的过程中要学会巧用潘多拉效应，积极地利用孩子的好奇心和逆反心理，把握好控制的尺度，掌握好“禁果”的内容，把对孩子有意义但孩子又不喜欢的事情变成“禁果”，以激发孩子的好奇心，让他们越禁越想去做；同时不要把对孩子没有意义的事情当“禁果”，避免人为增加它对孩子的吸引力。父母要掌握“拱手”与“收回”的艺术，让孩子更健康快乐地成长。

1. 让孩子浅尝小“禁果”，增加孩子对父母的信任感

好奇心是孩子探究周围未知事物、唤起求知欲的原动力，是推动人类不断进步和走向文明的不竭动力。孩子的好奇心需要父母的细心呵护，但是父母常常因为爱子心切，怕孩子受到伤害、希望孩子少走弯路，习惯用自己固有的经验去限制、打压孩子的好奇心，结果却是欲盖弥彰。父母越是不让触碰的东西，孩子越想去触碰。所以，面对孩子的好奇心，父母宜耐心引导，不宜简单粗暴地限制。对于没有危险的小“禁果”，可以在父母的保护下让孩子浅尝一下，这有助于孩子增长知识，开阔视野，快速让孩子进行社会化，还能建立孩子对父母的信任，为日后的管教打下基础。例如，对刚会爬或行走的孩子，父母怕他去碰热水壶、热锅等很多有危险的东西，于是就限制孩子活动，经常抱着、背着、圈着或者是大声呵斥，但发现没有什么效果，在好奇心驱使下，孩子还是会经常想去触碰这些东西。有些父母是这样做的，他拿着孩子的手快速地去触碰一下热水壶和热锅等，让孩子感受到烫是一种不舒服的感觉，然后告诉他烫、危险、不能碰，以后孩子自然就不再碰了。同时，还可以通过绘本故事让孩子了解热能的相关知识，一举多得。

再如，当我们不希望孩子吃各种不健康的东西时，一开始就完全禁止，

并不是良策。饮料几乎是每一个孩子都喜欢的，但经常喝饮料对孩子的身体发育并不好。因此，大多数父母都会想尽一切办法说服、控制孩子，希望孩子不要喝饮料，但结果并不奏效。有个孩子特别羡慕别人喝冷冻饮料，非常想要，于是父母买了给他喝。他喝下去不久肚子开始痛，这时候怎么办？是继续控制性地责备还是进行疏导（当作难得的教育契机）？聪明的父母应该趁机告诉他："孩子，爸爸、妈妈肯定是爱你的，不给你喝饮料是因为它不利于身体健康，当然饮料也不是毒药，尝试一下是可以的，真不巧你喝了竟然肚子痛，所以很多时候爸爸、妈妈的建议是有道理的，以后要听一听，好吗？"孩子自然就会认同父母的说法。这样不仅解决了孩子应该少喝饮料甚至不喝饮料这一难题，还能帮助父母树立在孩子心目中的威信，因为父母是爱自己的，为自己好，而且是讲道理的。因此，父母在教育孩子时不必事事较真，对一些无伤大雅的小事，不妨先顺着孩子的心意让他尝试一下或者犯一次错误，然后父母再给予让他信服的详细解说，他会更听得进去；如果他恰巧在尝试中又体验到不愉快，那更是难得的教育良机，这就是浅尝小"禁果"的意义所在。

2. 巧激孩子的好奇心和叛逆心理，为父母所用

父母经常会有这样的苦恼，就是希望孩子去做某件对孩子好且有重要意义的事情，但孩子却不喜欢、不愿意。父母一般的做法是，对孩子进行威逼利诱甚至打骂，最后如果实在无计可施就不得不妥协了。而潘多拉效应启发我们可以这样做：巧用孩子的好奇心和叛逆心理，故意创设条件给这件事情披上神秘的面纱，提高其对孩子的吸引力。例如，有个孩子学钢琴，学了一年，老师说她有这方面的天赋，但是孩子觉得弹钢琴太无趣了而且很累，不愿意继续学。她的妈妈不急也不躁，有一天她买了一架钢琴放在书房，盖好琴布，锁上门。孩子觉得很奇怪，问："妈妈，我都不学钢琴了，你买钢琴干吗？"妈妈故意说："你没看见吗？门都锁上了，我不是买给你的啊？"这下孩子急了："那你买给谁啊？"妈妈说："这是个秘密，反正你不准去碰。"孩子更气了，心想："凭什么不准我碰，我偏碰，就碰，天天碰，气死你！"

于是，每当晚上妈妈出去散步了，她就偷偷地弹钢琴。几个月后，妈妈发现孩子正在练琴，而且进步很大，于是故作吃惊地说：“我不是说过你不准去碰这个琴吗？不过，今天听你弹这琴，进步可真大呀！”孩子听到妈妈的话，心里甜滋滋的，暗暗想以后要弹得更好。这个妈妈的做法就是巧用潘多拉效应，激起孩子的好奇心和叛逆心，使其继续学习钢琴。

3. 理解孩子逆反心理的积极意义

潘多拉效应揭示出人类“不禁不为，越禁越为”的心理规律。父母教育孩子时要认识到孩子在成长的过程中表现出逆反心理和逆反行为是很正常的，这不代表孩子变坏了或者有意挑战父母的权威。逆反心理在一定程度上是孩子独立思考和自主意识增强的表现。父母控制得越严、控制得越多，孩子反而会越反叛，更加听不进父母的逆耳忠言和满腹道理。因此，父母既要理解孩子逆反心理的积极意义，也要找到对管教孩子的恰当力度，给孩子适当的自主权，做到宽严有度。

育儿行动

潘多拉效应告诉我们，要理解孩子的好奇心和逆反心理，给孩子准备不同意义的潘多拉盒子，收放自如，宽严有度。

第一，在不是大原则的小事情上，给孩子适度探索和尝试，甚至犯错的机会，不必强求孩子事事听从父母。想一想，哪些事情可以不当作孩子的“禁果”，把它们列出来。

第二，当孩子不愿意去做某件父母希望他做的事情时，父母可以故意创造一点神秘感，让他好奇。比如，他不喜欢阅读，父母可以背着孩子偷偷在房间看书，小声交流，看到他走进来，就故意夸张地紧张地把书藏起来。

·38·

超限效应：爱要有度

美国著名幽默作家马克·吐温有一次在教堂听牧师演讲。刚开始时，他觉得牧师讲得很好，令人感动，准备捐款。过了10分钟，牧师还没有讲完，他有些不耐烦了，决定只捐一些零钱。又过了10分钟，牧师还没有讲完，于是他决定一分钱也不捐。当牧师终于结束冗长的演讲开始募捐时，气愤不已的马克·吐温不仅分文未捐，还从盘子里拿走了2元钱。这种由于刺激过多、过强或作用时间过久，从而引起心理上极不耐烦或逆反的心理现象，称为超限效应。

效应启迪

在家庭教育中，父母过度说教、指责、赞扬都会产生超限效应，不仅达不到预期的效果，且容易产生负面影响。一般而言，唠叨或说教会招致厌烦，过度批评会导致愤怒，过多表扬会使人怀疑或盲目。常见的容易引发超限效应的行为有很多，如翻旧账和爱唠叨。当孩子犯了错时，父母三番五次对同一件事情做出同样的批评或嘲讽，甚至时隔多日还旧事重提，孩子就容易从内疚变为不耐烦，从忍受变为反感。有时孩子被“逼急”了，还会出现“我偏要这样”的反抗心理或行为。美国的一些神经科学家曾经做过一个这样的实验：让一批平均年龄 14 岁的青少年重复听母亲批评唠叨他们的录音，同时对他们的大脑进行扫描。结果显示，当听到母亲无休止的唠叨时，青少年大脑中与负面情绪相关的区域变得异常活跃，而与情绪控制相关的区域则活性减弱。

既然会产生超限效应，为什么很多父母就是摆脱不了反复说教和唠叨的行为呢？首先，在本该培养孩子自我管理的阶段，父母没有放手，而是习惯了以唠叨代替教育，以叮嘱代替管理。“该起床了”“该写作业了”“该冲凉了”……日常生活中，父母总是一句接一句地叮嘱孩子，让孩子在每一件事情上都依赖父母的安排。然而，当孩子养成依赖心理后，父母又继续唠叨：“我不说，你就不去做？你就不能自觉点儿？”殊不知，孩子的过于依赖、不能独立，正是父母的这种“超限”养育方式造成的。

其次，当父母看到孩子犯错时，生气或担心等不良情绪占据大脑，此时的唠叨多数是自己情绪的释放，没有考虑到说出来的话是否有效，是否会让孩子难受。“又乱放东西，总是要我收拾！你嫌我不够累吗？”“叫了你几遍，都不去冲凉，你当我的话是耳边风吗？”这些言语听起来似乎是在教育孩子，其实只是没有经过思考的习惯性反应，是父母们缓解自己焦虑的方式。

此外，喋喋不休的说教也是一种黔驴技穷的无奈，父母没有掌握有效的沟通方式，不懂如何教育孩子，只好用不断重复的方法来让孩子“长记性”，但他们又不知道这样做会产生超限效应，其结果只能适得其反。

如何才能避免在家庭教育中引发超限效应呢？

1. 关爱要有度

对孩子无微不至的提醒是父母爱子心切的一种表现，但是爱也要有度，过多的唠叨往往源于父母对孩子的不信任、不放心。如果孩子在日常生活中得不到父母的肯定和信任，就很难建立起自信心，遇到事情会束手束脚，不敢尝试。父母们经常唠叨的无非就是这些内容：孩子的健康、孩子的安全、孩子的学习、孩子的习惯，等等。“不许跑，跟我一起过马路！”“看车！车来了！”“怎么总是不看路呢！”与其每次都这样唠叨，不如试着闭上嘴巴，紧紧跟随在孩子身后，悄悄地观察孩子的反应，你会发现孩子可以左看看、右看看，小心而又迅速地过马路。其实，不是孩子不具备这些能力，而是父母的不放心让自己有一种孩子没有自己不行的错误认知。不妨尝试一下放手，减少唠叨和不必要的管束，给孩子自由成长的空间，培养孩子的勇气和信心，允许孩子试错，学会对自己负责。

有些父母说：“我孩子小时候可听话了，无论我们怎么唠叨他都不会感到厌烦，为什么现在越来越听不进我们的话呢？”那是因为孩子在不断长大，而家庭教育方式一成不变。成长是一个持续的过程，在不同年龄阶段表现出不同的特征，父母们也需要不断调整教育方式以适应孩子身心发展的变化。比如，随着孩子慢慢长大，父母的唠叨也要越来越少，让孩子学会独立、自主、责任和担当。

2. 批评要适度

当孩子犯错时，父母给孩子适当的批评或提醒是有必要的，但要注意把握尺度。首先，批评的次数不宜过多，过多就会产生超限效应。原则上，犯一次错只提醒一次。初次犯错时，父母可能讲得多一些，但后期不要再重复，更不能翻旧账、揭老底。如果有必要再讲，也不能只是简单地重复，要换个角度、换种说法，语言应该尽量简练，恰到好处。这样，孩子才不会觉得“父母总是揪住一个错误不放”，不会产生超限效应，也就不至于产生厌烦或逆反的心理。

其次，要关注孩子的情绪变化。面对批评时，不同的孩子可接受的度是不一样的。这就需要父母在与孩子互动的过程中察言观色，掌握好“火候”，一旦发现可能要超过孩子可接受的度时，就要马上停止，或者换种方式、换个时间再讲。只有这样才能避免物极必反的超限效应。父母不仅要善于觉察孩子的情绪，还要懂得管理自己的情绪。频繁的唠叨和随意的指责往往是不善于控制情绪的外在表现。心理学中有这样一句话：谁的情绪谁负责。作为成年人，我们需要保持一份觉知，去察觉和认识自己的情绪，再用适当的方式去宣泄，而不是一味唠叨，把情绪传递给孩子。当孩子犯错时，父母尽管会生气或担心，但也要保持头脑冷静，和孩子一起分析原因，寻找解决的办法。

3. 沟通多角度

要让沟通变得容易，首先，父母要学会换位思考。想一想，如果别人这样对我说话，我是什么感觉。只有体会到对方的感受，我们才会开始关注并调整沟通方法。其次，父母要避免在众人面前批评或唠叨孩子，否则，孩子可能会因为羞愧、自尊心受挫而拒绝接受意见。再次，父母要用平和的态度与孩子沟通，多用正面的语言，明确告诉孩子，什么事情可以做，什么事情不可以做，当他们能够理解父母的意思时，他们也就愿意修正自己的行为了。最后，父母要学会用规则代替说教。想要解决一个问题，父母可以尝试跟孩子进行民主协商，启发孩子思考，商量并制定规则。由于这个规则是父母和孩子一起商量制定的，孩子往往会痛快地答应并遵守。日后也许难免会出现违背规则的情况，父母只需保持温和而坚定的态度，让孩子承担破坏规则的后果，这不但锻炼了孩子的自我管理能力，还能让孩子将行为和结果联系起来，培养责任感。

育儿行动

调整自己的情绪，和孩子来一次开诚布公的探讨，商量如何解决某一个问题，并制定规则。例如：

第一，孩子，你总是因为起床晚而迟到，有什么解决的办法吗？

第二，孩子，如果将来你有了孩子，他一玩游戏就是一两个小时，你会怎么办呢？

· 39 ·

南风效应：爱需要温度

法国作家拉·封丹曾写过这样一则寓言：北风和南风比威力，看谁能把行人身上的大衣脱掉。北风首先刮起了凛冽的狂风，风刮得越大，行人越是把大衣裹得更紧。过了一会儿，南风开始徐徐吹动，逐渐风和日丽，行人觉得格外温暖，纷纷解开纽扣，甚至脱掉大衣。在这场比赛中，南风之所以能够取胜，就是因为它顺应了人的内在需要。这则寓意深刻的寓言后来成为社会心理学的一个概念，被称之为南风效应、南风法则或温暖法则，它告诉我们：温暖的力量胜于严寒。

效应启迪

在南风效应中，北风想要通过强力把行人的衣服撕扯下来，结果却事与愿违。而南风却是通过徐徐暖风，让行人自己把衣服脱了下来。从使用的力度来看，北风的力度显然比南风大，但是得到的效果却远逊于温柔的南风。这个效应告诉我们，强制力所产生的效果往往不如感召力。在家庭教育中，简单粗暴的教育方法如同“北风”，孩子反而会把“大衣裹得更紧”；而采用温暖柔和的“南风”教育方法，反而能轻松地让孩子“脱掉大衣”，收到更好的教育效果。

“棍棒底下出孝子”“不打不成才”“三天不打，上房揭瓦”“打是亲，骂是爱”等传统教育理念影响了很多的父母。他们习惯使用简单粗暴的教育方式，如不容辩解的命令、严厉的训斥，甚至是体罚等。尤其是在孩子犯错时，父母往往怒火中烧，把孩子狠狠教训一顿，令其“长长记性”，然后使用各种强制手段要求孩子“听话”。孩子在当时可能会因恐惧而变得乖巧，但并非心甘情愿，委屈和反抗早已默默埋在心里。一旦强制手段解除，孩子可能就会马上恢复原状，甚至变本加厉。

也有人认为父母应该树立威严的形象，才能有效地管理孩子。有这种想法并非不可，但是如果错误地理解“威严”就是以“唯我独尊”的姿态面向孩子，并不能让孩子真正认同和尊敬父母，反而会让孩子走向两个极端：要么心生恐惧、唯唯诺诺；要么敌对反抗、故意挑战所谓的“权威”。家庭教育的本质是进行良好的品德教育和健全人格的塑造，当父母以粗暴的方式去教育孩子时，其实给孩子传递了一种理念——用拳头解决问题。这样的教育不仅不利于孩子的身心健康发展，也促使孩子形成一种畸形的处世观。曾有研究报告显示，经常被粗暴对待的孩子会出现以下性格特征：智力发育不良、具有攻击性、不懂感恩、冷漠、变得懦弱或自卑、经常撒谎、择偶出现问题（容易爱上有暴力倾向的人）等。对孩子的爱，与其体现为“打在孩儿身，痛在爹娘心”，不如学习“南风”的方法，用温暖的爱去感化孩子，用润物细无声的方式去教育孩子，激发孩子的内在动力，使孩子由“要我做”向“我要做”转变。

1. 威严有道，关爱有方

父母教育孩子的目的都是出于爱，但是不同的父母所用的方式不同，而不同的方式会产生不同的结果。父母威严能够给孩子敬畏感，有敬畏感的存在，孩子才不会无法无天、目中无人；父母关爱能够感化孩子，只有在爱的环境中成长起来的孩子才知道怎样去爱别人。因此，威严与温暖的爱都要有，两者并不矛盾，是可以相辅相成的。

首先，威严要有道。父母要树立威信，不是以自我为中心，想怎么样就怎么样，而应该为人正派、处事公平、明事理、依规矩，孩子才会从心底尊敬父母。威严有道，还在于父母要懂得尊重孩子，把孩子当作一个“人”来平等对待，而不是当作一个“弱小的人”像“北风”那样，想靠父母高高在上的权威来征服孩子。父母教育孩子时要就事论事，不乱发脾气，不说伤人的话，如“你怎么像堆泥”“你是不是猪脑子”之类的话，容易导致孩子反感。不怒而威，才是最好的威严。更何况，如果父母不尊重孩子，又怎么能指望孩子学会尊重他人呢？

其次，爱要有方法。爱不是溺爱，不是孩子想要什么就给什么。俗话说：“严是爱，松是害。”但严格要求不等于“管死”孩子，一有什么事就批评责备孩子。不少父母对孩子有着殷切的期望，总是盯着孩子的缺点反复指责，就算孩子有好的表现，也吝啬表扬，以为这样才是教育。其实，像刮“北风”那样经常奚落或责备孩子的父母很难赢得孩子的爱戴和信任，与其用强权暴力来征服孩子，不如像“南风”那样，用温暖的理解和鼓励帮助孩子茁壮成长。爱的表达方式就是“南风”般的理解和鼓励。没有谁的成长是一帆风顺的，父母要在尊重和理解孩子的基础上，宽容孩子的缺点和不足之处，鼓励孩子找到问题所在。当然也要帮助孩子发现自己的优点，取长补短，越做越好。

2. 多关注孩子行为背后的动机

弗洛伊德说：“所有行为都是有动机的。孩子不会无缘无故去做一件错事，就算是偶尔无理取闹的行为也肯定有孩子自己的逻辑。”例如，孩子看到妈妈在厨房忙，她想帮忙把菜端出去，可是由于刚做好的菜太烫，孩子端起来刚转身，就“啪”的一声把盘子摔到了地上。妈妈看到撒在地上的菜，怒气冲冲地打了孩子。事实上，由于经验不足，孩子往往无法估计事情的发

展趋势，许多事情并不是孩子希望发生的。但父母往往只看到孩子做了错事，而不去想孩子为什么会这样做。如果孩子的动机是良好的，而父母只看到不好的结果，不分青红皂白地责骂，孩子就会感到失望，就像“北风”吹来一样，把心渐渐封闭起来。

相反，如果妈妈看到这种情景，控制住情绪，不骂孩子，反而去检查孩子有没有烫伤，说：“多不小心，让妈妈看看你的手有没有伤着。”此时孩子就会内疚地说：“菜都掉地上了。”妈妈回应说：“没关系，我可以再做一份，你主动帮妈妈做事，这非常好，不过以后要注意，端这么烫的东西，一定要用毛巾护着手，明白了吗？”这样，不仅传达了爱，表扬了孩子做好事儿的动机，进一步强化孩子的优良品质，也让孩子明白自己的失误在哪里，学习了日后做事的正确方法。

3. 批评也可以成为有温度的沟通

在日常生活中，当父母觉得一定要批评孩子时，也要控制自己的“坏脾气”，学习用描述代替指责。描述是指客观地阐述孩子的行为，不掺杂任何评判、观点、指责。例如，“你怎么这么懒！”是指责，而“今天你睡到 10 点钟还没有起床”是描述。尝试用描述代替指责，能减少很多语言对孩子的隐性伤害。此外，在描述时，要尽量精准，而不要习惯性或笼统地下结论。例如，“你总是不专心听讲”这是结论，而“你上数学课时走神了”是描述。“总是、每次都、从不……”这些频率词语容易让人产生逆反心理，孩子和父母会陷入回忆找反例的竞争中。例如，父母说“你总是不听我话”，孩子会拼命反驳：“我上次就听你的话，报了数学班啊！”

俗话说：“良言一句三冬暖，恶语伤人六月寒。”父母在教育孩子的时候应该多给予孩子“南风”式的关爱教育，而不是“北风”式的粗暴冷峻的教育，只有让孩子感受到家庭的爱和温暖，才能帮助孩子健康成长。

育儿行动

逐步减少批评或打骂的次数，用具体描述法去表扬孩子。每天把言行记在下表中。粗暴的言行越少越好，关怀的表扬越多越好。

日期	粗暴的言行	关怀的表扬

· 40 ·

猩猩效应：孩子是父母的镜子

猩猩效应也叫猩猩实验，是一个有关猩猩的对比实验：在两间房子的墙壁上镶嵌着许多镜子，然后把两只猩猩分别放进去。一只猩猩性情温顺，它刚进到房间里就高兴地看到镜子里面有许多“同伴”对它报以友善的微笑，于是它很快和这个新的“群体”打成了一片，时而奔跑嬉戏，时而耳鬓厮磨，彼此和睦相处，关系十分融洽。直到三天后，当它被实验人员牵出房间时还恋恋不舍；另一只猩猩则性格暴烈，它从进入房间的那一刻就从镜子里看到了“同类”对它凶神恶煞，于是它与这个新的“群体”进行无休止的追逐和厮斗。三天后，实验员发现这只性格暴烈的猩猩早已因气急败坏、心力交瘁而死去了。

效应启迪

实验中的猩猩不知道镜子中“群体”是它自己，也不知道自己感受到的开心或愤怒其实都来源于自己。生活也是如此，当父母发现孩子存在这样那样的问题时，根本没想到其实多数的问题都来源于父母自身。孩子就是父母的一面镜子，从孩子身上总能找到父母的影子。比如，一个孩子的言行举止通常能够反映出其父母的教养，那些有礼貌、讲文明的孩子，其父母一般都比较知书达理有涵养。如果孩子脾气不好，父母中通常至少有一人脾气暴躁、不善于管理自己的情绪。正所谓“龙生龙，凤生凤，老鼠的儿子会打洞”。这句带有玩笑意味的谚语能够流传多年，自然有它的道理。老鼠的儿子为什么会打洞？除了基因遗传的原因，还因为老鼠的儿子经常看老鼠爸爸在打洞，自然也就会跟着打洞了。

科学家认为，人类的认知能力和模仿能力都是建立在镜像神经元基础之上的。镜像神经元能够像编写代码一样把看到的行为模式储存起来，在某个时候会被不自觉地提取出来，令人表现出相同的行为。孩子从出生开始就在父母的陪伴下长大，他们的大脑神经元系统会对父母的行为，包括声音、动作、表情和思考方式等进行模仿、理解、采纳和复制，然后内化成自己的行为。因此，父母为人处世的态度和方式一直在潜移默化地影响着孩子，尤其是对年龄越小的孩子影响越大。比如，父母教育子女时若采用民主平等的方式，其子女就较容易形成既善于与人合作又能独立自主的性格。而如果父母教育子女采用专制的方式，其子女就比较容易形成情绪不稳定、依赖性强、胆怯和懦弱的性格。教育家苏霍姆林斯基说：每个瞬间，你看到孩子，也就看到了自己；教育孩子，就是教育自己。

运用建议

1. 父母要不断完善自己的人格

在心理学上，人格泛指一个人独特的、相对稳定的行为模式、思维模式和情绪反应的特征。大量研究表明，父母的人格特征对整个家庭环境和孩子个性的发展起着主导作用。在孩子还小还没有形成是非观念的时候，父母的一言一行就是孩子效仿的对象。从做人的品德，到行为模式、思维方式，孩子会在耳濡目染中不断模仿父母，时间长了就会成为自己的人格。当孩子长大了，即便可以分辨父母行为对错，但小时候形成的道德规范和处事方式终

究会影响终身。因此，父母一定要重视完善自己的人格和以正确的方式教养孩子。

人格完善就是一个人不断认识自我、提升自我、实现自我的过程。而家庭教育，也不只是某个方面的教育，应该是健全人格的教育。健全人格怎么做？简单地说就是实现人格优化组合与优势互补，换言之就是缺什么补什么，什么不好改掉什么。首先，父母要学会反思。当发现孩子有某些毛病时，首先要做的事情就是把孩子当成一面镜子来反思和观察自己；如果想要孩子做出改变，先让自己改变，把养育孩子的过程当成完善自我人格的一次又一次机会。比如，发现孩子爱撒谎，父母要反思自己是否曾在孩子面前说谎，或者随口答应孩子的事情没有做到，或者当孩子犯错时，父母的处理方式是否过于粗暴。如果父母总是用高压来管控孩子，那么孩子会习惯性地用谎言来逃避责罚。其次，父母要学会客观地评价自己。有时人们容易故步自封，忽略别人的意见和建议，那样就得不到成长。我们应该学会信任他人，并谦虚接受别人指出的不足，同时有意识地扩大自己的社交圈，以得到更多人对自己的反馈，这样我们才能更全面客观地认识自我，了解自己的长短优缺，并勇于挑战自己、完善自我。

2. 父母在生活点滴中给孩子树立榜样

家庭是孩子社会化的主要场所，孩子的社会知识、道德规范、价值观念和行为习惯都是通过观察和模仿学习父母而获得的。所以，想要孩子成为什么样的人，父母先要做个什么样的人，处处以身作则，发挥良好的榜样示范作用，为孩子建立积极的影响，正如那只温顺的猩猩。在家庭生活中，父母营造良好的家庭氛围，注重情绪管理，夫妻相处和睦，亲子关系和谐，让孩子在民主、文明、温暖的家庭环境里长大，有助于孩子情绪稳定、性格开朗、感情丰富、自信心强。父母诚实守信、宽容大度、谦虚有礼、不随意评价别人，有助于孩子形成良好的道德品质。父母有良好的生活习惯，做事有计划、有条理，作息规律，整洁有序，物品用完放归原处，孩子也会有样学样，形成良好的习惯，受益一生。

父母除了在家庭生活中教育孩子外，还要在社会行为中以身示范，培养孩子成为有社会公德的人。比如，带孩子上街时，父母一定要注意遵守交通法规，爱护环境；到公园游玩时不攀摘花木，不践踏草坪，爱护公共财物；公众场所不大声喧哗，注意自己的言行可能会对别人造成的不便。当父母做到了这些时，孩子也会形成公德意识，懂得遵守规则，约束自己的言行。

父母的榜样力量藏在生活的点点滴滴中，不是装出来的，不是人前一套人后一套，而是化为一种习惯、一种品德、一种修养，但对孩子而言，是最好的教育。

3. 父母要做学习的引领者

学习是孩子的主要任务，所有父母都希望孩子“好好学习，天天向上”，但是总能听到父母抱怨：“道理讲了一大堆，嘴皮子都磨破了，孩子就是不爱看书，不肯学习。”这些父母错误地以为教育就是和孩子谈话、教训、命令等，其实身教胜于言传，要律人，先律己，父母的一言一行对孩子都有着重要的意义。如果孩子不喜欢读书，往往是因为父母不爱读书，或者不认为读书有多重要。试想，如果父母在家经常追剧、玩手游或者打麻将，嘈杂的声音响个不停，孩子怎么可能专心学习？

想要让孩子喜欢读书，父母首先要热爱读书，养成良好的阅读习惯，营造良好的家庭阅读氛围。比如，安排一个固定的时间段和孩子一起阅读，可以阅读各自喜欢的书，阅读后交流一下阅读感受。这样既有利于孩子阅读习惯的培养，也有利于父母自身的学习。父母对学习的热爱和兴趣很大程度上会影响孩子的学习兴趣，从而间接影响孩子的学习成绩。孩子成长在充满学习气氛的家庭环境中，很容易萌发学习的需要，产生自觉学习的行动。父母最好的榜样作用就是不断地学习和成长。与其用心栽培孩子，倒不如先用心栽培自己，为自己选几本好书，再学一些课程，远比苦口婆心的劝导更加有效。

父母是孩子的第一任老师，引导着孩子的价值观念、行为习惯、道德品质、社会公德及健全人格的形成，要教育好孩子，必须先从做好自己开

始。做积极、友善、乐观、温顺的“猩猩”，不做消极、敌对、悲观、粗暴的“猩猩”。

育儿行动

孩子是父母的镜子，猩猩效应告诉我们，要想让孩子成为什么样的人，父母要先成为什么样的人。请学会根据孩子的行为表现来反思自己，调整自己的行为，给孩子良好的榜样示范。可按下表来进行。

孩子行为描述	父母自我反思（我有类似的表现吗？）	父母行为描述	调整后的行为	亲子监督变化情况

· 41 ·

鸟笼效应：不要拿孩子来炫耀

1907 年，詹姆斯从哈佛大学退休，同时退休的还有他的好友物理学家卡尔森。一天，两人打赌，詹姆斯说：“我一定会让你不久就养上一只鸟的。”卡尔森不以为然：“我不信！因为我从来就没有想过要养一只鸟儿。”过了几天，恰逢卡尔森生日，詹姆斯送上了礼物——一只精致的鸟笼。卡尔森笑了：“我只当它是一件漂亮的工艺品。你就别费劲了。”从此以后，只要客人来访，看见书桌旁那只空荡荡的鸟笼，他们几乎都会无一例外地问：“教授，你养的鸟儿呢？什么时候死了？”卡尔森只好一次次地向客人解释：“我从来就没有养过鸟儿。”然而，这种回答每每换来的却是客人困惑而有些不信任的目光。无奈之下，卡尔森教授只好买了一只鸟儿，于是詹姆斯的鸟笼效应奏效了。

效应启迪

鸟笼效应是一个著名的心理现象，又称鸟笼逻辑，是人类难以摆脱的心理。经济学家解释说：“这是因为买一只鸟儿比解释为什么有一只空鸟笼要简便得多。”即使没有人来问，或者不需要加以解释，鸟笼效应也会造成人一种心理上的压力，使其主动去买一只鸟儿来与笼子相配套。鸟笼效应在社会上非常普遍，很多时候我们会先在自己的心里挂上一只笼子，然后再不由自主地往其中填满一些东西。在这样的惯性逻辑之下，我们会不自觉地被笼子异化，成为笼子的俘虏，忘记了初心，徒增不少烦恼。例如，每年的“双十一”“双十二”网络购物狂欢节，商家派发各种抵扣券，有多种活动，如满399元减100元等。尽管觉得最近没有什么东西需要购买的，但本着有便宜不占就算丢东西的心理，也会花上半天时间在网上拼单凑单，当买回来后发现并不是自己生活所需，扔了可惜，或者还得再买其他配套的物件来匹配，如买了条裙子，又要买双鞋子、挎包、帽子来配这条裙子。无形之中，不仅增加了自己的消费，还有一种花了钱却买了自己不喜欢的东西的感觉，生活品质大大降低，徒增懊恼，恨不得“剁了自己双手”。在这个过程中，这些购物狂欢节是大“鸟笼”，裙子是小“鸟笼”，鞋子是小小“鸟笼”，袜子是更小小“鸟笼”……就这样一只又一只的“鸟笼”，笼笼相套，人就无形中被困在了这只笼子里，不能自拔。

当然，任何事物都有两面性，鸟笼效应也是如此，只要合理运用，可以给我们的生活带来帮助。例如，敞开的书比合上的书更容易让人联想到读书。我们把要读的书翻开放在经常坐的位置上，有了“鸟笼”就觉得要翻来看看，久而久之便越来越习惯这个动作，慢慢看的页数也就多了，阅读的好习惯就养成了。

其实在教育子女过程中，父母陷入鸟笼效应的现象也很常见。一些父母习惯把孩子作为自己的附属品，当作炫耀自己的资本，为赢得别人的称赞和羡慕，或希望通过子女的努力弥补自己年轻时未能实现的梦想。为了能与别人和自己心里共同挂上的这些“鸟笼”相匹配，父母不知不觉按照别人的标准来要求自己，不断按别人的希望来做：为了让自己在亲戚朋友面前更有面子，不断地要求孩子去学这个学那个。其实，别人的这种夸奖，何尝不是送给父母的一只又一只“鸟笼”？父母的做法正是在不断地给鸟笼“养鸟”。而养的这只“鸟”，如果同时符合孩子的需要，那自然是发挥了鸟笼效应的积极作用。如果不符合孩子的需要，而仅仅是为了满足父母的虚荣心，这不是自寻烦恼吗？这不正是先在自己的心里挂上一只笼子，然后再不由自主地朝其中填满一些不一定有价值、有意义的东西吗？

运用建议

既然鸟笼效应有双面性，在教育子女的过程中，父母如何发挥鸟笼效应积极方面的作用，减少其消极影响呢？如何避免步入育儿误区，引导孩子健康成长呢？

1. 警惕把孩子当作炫耀的“鸟笼”

尊重孩子是绝大多数父母都知道的道理，可是，一到具体问题就不是这样了，特别是学什么兴趣班，读哪一所学校，考哪一所高中，填报什么高考志愿等，父母总希望孩子按照自己的期望和自己安排好的轨迹成长和发展，并美其名为“这是为孩子好！”“孩子这么小懂什么？”“不听老人言吃亏在后头”等。在这种观念下，一些内心自尊感低或者事业有成、高成就的父母特别需要靠外界的认可、羡慕来给自己脸上添光。对于自尊感低的父母，炫耀孩子，得到别人的称赞，会让他们的自尊感爆棚，他们会觉得孩子和自己都很棒，接下来必须做得更棒，就这样一步一步地把孩子逼成了自己可炫耀的资本。对于高成就感的父母，如果孩子不行，就会觉得没脸见人，怕被人说闲话：“这算什么本事，自己的孩子都教不好。”但是，强扭的瓜不甜，被逼迫学习的孩子很难感受到学习的乐趣，只是觉得是满足父母的需要，是“为父母而学”，不是“我要学”，孩子容易失去持续学习的内动力。甚至会反感父母的做法，跟父母“对着干”“要我学，我偏不学”。这些经常被拿来“炫耀”的孩子，内心变得敏感，不懂感恩，渐渐失去了自我，找不到自己的定位和价值，这将会成为教育最大的失败。就如家喻户晓的《伤仲永》这个故事，自小聪慧的方仲永被父亲带着天天炫耀，最后泯没众人，成了让人唏嘘不已的悲剧。其实，父母自己的想法、虚荣心和亲朋好友对孩子的吹捧正是一只只“鸟笼”，父母会不由自主地为这个“鸟笼”配套相应的东西，这些追求烦恼了父母，也苦恼了孩子，甚至危害孩子的健康成长。

（1）父母要时常检视自己潜意识中的“鸟笼”。父母认清鸟笼效应的本质，跳出鸟笼逻辑的漩涡，清晰地区分是孩子真正的需要还是自己为了炫耀的需要，不要混在一起，更不要打着“为孩子好”的名义来填满自己心中的“鸟笼”。父母要明白，不要让孩子生活在“别人口中的好孩子”的阴影之下，每个孩子的发展都是自身潜能被激发和得以实现的过程，是成为最优秀的自己，而不是成为最优秀的“他人”。

（2）父母要把孩子看成独立的生命个体。父母在尊重孩子的基础之上爱孩子，才会让孩子成为真正的自己。父母要时刻提醒自己：孩子是一个独立的人，是自己生命的延续，但不是我们思想的延续，不可以把我们没有实现的理想寄托在孩子身上，为孩子规划人生，代替他们去思维。否则，父母给予孩子的就是伤害，而不是爱；是禁锢、束缚，而不是自由。

（3）父母要不断追求自身成长，强大自己的内心。自尊自强的父母从来或基本不炫耀孩子，因为他们追求自我，自我价值感强，内心很富足，看淡名利，不需要拿什么出来炫耀，更加不会拿孩子炫耀。这些父母很清楚：我是我，孩子是孩子。所以，父母要主动学习不能因为有了孩子就迷失自我，丧失自我追求的仰望。同时，鼓励孩子追求自我，帮助孩子实现自我，与孩子共同成长！

2. 充分发挥鸟笼效应的积极作用

鸟笼效应的重要特点就是它产生的心理暗示可以影响我们的行为。父母可以巧妙地利用鸟笼效应的积极面，为孩子挂起一只“鸟笼”，然后等待孩子一只一只地在这个“鸟笼”里养上鸟，从而养成良好的习惯或培养各种兴趣爱好。例如，要培养孩子的阅读兴趣，与其喋喋不休地跟孩子唠叨阅读的重要性，还不如在家里开辟一处温馨安静的读书角，或在最显眼的地方添置一个大书架，选购一些孩子喜欢的儿童读物，邀请孩子一起阅读。看到孩子安静看书，父母可以说“好喜欢你认真看书的样子”。如果孩子一直不读书，父母可以说：“这么好的书没有人看，真可惜啊！”当有客人来家拜访的时候，父母还可以顺道说上一句“我家娃是个爱读书的好孩子”，那么羞红了脸的孩子就会在客人走后乖乖地端起书本。这样的做法不正是詹姆斯教授送的那只鸟笼吗？孩子的表现不正是卡尔森教授最后养起的那只鸟儿吗？

育儿行动

运用鸟笼效应，我们可以发挥其积极作用，避免其消极的影响。总的原则是：减少不必要的“鸟笼”，增加有效的“鸟笼”。

第一，父母应“蹲下来”与孩子平等对话，多询问孩子的感受，听听孩子内心的声音，反思对孩子的要求，检视哪些是父母潜意识中的“鸟笼”，列举出来一一破之。

第二，父母如果想让孩子写一手好字，可以买来精美的字帖和钢笔，送给孩子作为礼物，再从语言上、行动上暗示孩子有时间可以静下心来练练字。

· 42 ·

犯错误效应：要学会在孩子面前示弱

美国社会心理学家埃利奥特·阿伦森设计了这样一个实验：在一场竞争激烈的演讲会上，有四位选手，两位才能出众，另外两位才能平庸。才能出众的一名选手在演讲即将结束时不小心打翻了一杯饮料，而才能平庸的选手中也有一名碰巧打翻了饮料。实验结果表明：才能出众而犯过小错误的人更有吸引力，才能出众但未犯过错误的反而排名第二，而才能平庸却犯错误的人最缺乏吸引力。心理学家把这种现象称之为犯错误效应，也称白璧微瑕效应，即小小的错误反而会提高有才能的人的人际吸引力。

效应启迪

心理学上对这种现象有两种解释：一是一个能力非凡的人给人感觉总是不真实的，人们对这样的形象不是真正地接纳和喜欢，而是有距离地敬而远之或敬而仰之。正如南朝·宋·刘义庆在《世说新语·容止》中所言，“珠玉在侧，觉我形秽”。比喻有容态、德才卓著的人在身边，相比之下显得自己形象十分丑陋。在这种情况下，自己是有压力的，是自卑的，也是不喜欢对方的。鲁迅先生也曾说：“凡是神圣的、神秘的事物都是值得怀疑的。”二是从人的自我价值保护的角度来说的，通常人们喜欢有才能的人，才能越高，人们就越喜欢越仰慕。但是过犹不及，凡事均有度，如果一个人的能力过强过于突出，强到足以使对方感到自己的卑微无能和价值受损，事情就会向反方向发展。人的本能首先是进行自我价值保护，一个人不可能选择一个总是衬托出自己无能和低劣的对象来喜欢。这也就是在日常交往中人们半开玩笑说“你总是拿第一，谁愿意和你在一起？”的道理。相反，一个能力出众者犯个小错误则降低了这种压力，缩小了双方的心理距离，保护了他人的自尊，因而也会赢得更多人的喜爱。

犯错误效应在人际交往中随处可见，我们每一个人都有过真切的体验。但是，在家庭关系中，犯错误效应适合家庭成员的交往互动吗？答案当然是肯定的。家庭成员中，年龄有大小，能力有高低，特别是亲子之间，一般来说孩子在小学阶段以前十分崇拜自己的父母，觉得爸爸无所不能，认为妈妈是超人，没有什么事情会难倒爸爸、妈妈。父母也很享受这样的崇拜，有一种不可名状的优越感和被需要感。为了维持这种美好的感觉，如果父母时时处处维护自己的地位，不允许自己出差错，哪怕是一点无伤大雅的小失误，那么，孩子对父母的无限崇拜可能会慢慢变得虚幻缥缈，高不可攀，亲子关系会不知不觉间疏远。

现实中我们可以看到类似的现象。例如，一位爸爸是单位里的“一把手”，工作有魄力，业绩很出色，但为了维护“父亲”这个高大的形象，爸爸喜欢把自己“包裹得严严实实”，即使面对家人做事也小心翼翼，追求完美，对自己的言行举止可谓吹毛求疵，生怕出什么小差错被伴侣、孩子笑话。其实可想而知，这样做他不仅自己很累，而且未必会受到孩子欢迎。孩子只会觉得这位爸爸不真诚、高冷，这样就难以建立亲密无间的亲子关系。相反，假如这位爸爸回家回归父亲这个角色，不拘小节，偶尔在孩子面前犯点无伤大雅的小错误，孩子就会觉得爸爸特别真实，特别有吸引力，自然而然和爸爸特别亲。

必须明确的是，犯错误效应的产生是有条件的，其发生有一个重要的前提，即犯错误的人应该是才能出众的人，而且犯的错都是可以原谅的小错误。才能平庸的人如果犯错，即使是无伤大雅的小错误，也是最缺乏吸引力的。也就是说，在家庭中，假如父母的能力一般，然后小错也不断，那

样孩子会觉得失望，对父母是孩子的第一任老师的能力产生怀疑，进而破坏亲子关系。

运用建议

要营造融洽的夫妻关系、亲子关系，犯错误效应能给父母很多小妙招。

1. 夫妻之间适当示弱，双人舞将会更和谐，家庭氛围更融洽

俗话说："树长一层皮，人活一口气。"人是感情丰富的动物，是需要尊严和面子的。在工作中如此，在婚姻中更是如此。如果夫妻之间一方能力过强，过于突出自己，就会给对方以很大的压力。任何人都不喜欢去选择一个总是提醒自己无能的对象来喜欢。相反，一个能力出众但偶尔犯点小错误的人则降低了自己给人的压迫感，缩小了双方的心理距离，保护了对方的自尊，因而也会赢得对方更多的爱。就好像跳双人舞，你进我退，我退你进，适当示弱，夫妻之间的关系会越来越亲密。

夫妻关系是家庭的根基，在此基础之上衍生出亲子关系。夫妻关系好了，亲子关系也就顺畅了。很多亲子关系不良、孩子厌学、孩子心理出现问题，其根源就在于夫妻关系不良。因此，夫妻双方要互相协调，不必表现得过于强悍，发挥自己正常才能的同时允许偶尔犯点儿小错误，对自己和对方都不必吹毛求疵，甚至要有意示弱。生活中可以随意一点儿、轻松一点儿，这样的生活伴侣才是最真诚、最可爱的。这样的家庭氛围也是最健康，最具人间烟火味儿的。

2. 不做完美的父母，对孩子更有吸引力

过于追求完美的父母反而教不出完美的孩子，相反，还会给孩子带来

很大的压力。如果完美的父母在教育孩子的过程中为了保护父母的“光环”，不允许自己犯错，也容不得孩子犯错，甚至要求孩子超越父辈，时刻给孩子施压，那对孩子来说真是天大的灾难！不允许自己犯错的父母，孩子敬而远之。当家庭不能满足孩子爱和归属的需要怎么办？孩子可能就会转向同龄人的认可来弥补。所以，如果父母是一个强者，请不要过于“包装”自己，不要追求“锦上添花”，适当地“示弱”，适度地暴露些“瑕疵”反而会让孩子心里觉得更有安全感，更加喜欢与父母结成知心朋友。

例如，吃饭的时候，遇到好吃的东西，狼吞虎咽是人之常情；家里的卫生，偶有灰尘也不是什么了不起的大事。又如，家里的笔记本电脑坏了，即使爸爸是电脑高手，也可以故意“示弱”，承认自己不会修，请孩子来帮助；即使妈妈是财务专家，在核算的时候也可以坦诚自己“弄不明白”，请孩子一起来攻克难关。如此这般，父母适当收敛自己全能的光环，释放“我也会犯错，我也有不足”的信号，请求孩子的帮助，不但拉近了亲子距离，还培养了孩子的自信心、自主性和勤劳的美德，可谓一举多得。

3. 拒绝做才能平庸却常犯错误的父母

不是所有父母都有出众的才能，但一般而言，父母相比小学阶段的孩子在能力上还是绰绰有余的，这也是为什么一些父母在辅导小学生作业的时候火气那么大。但是，随着孩子知识储备的增加，孩子接触外界的渠道增多，孩子比父母懂的还多也是必然的，孩子在某一些领域比父母研究得更深透的情况比比皆是。在这个情况下，如果父母不与时俱进，不认识新事物，不研究社会新业态，就很容易被时代抛弃。再加上年龄增长反应能力不如从前，经常犯一些低级错误，那就很容易被孩子鄙视。相信没有父母想成为那位“被孩子教了多次依旧不会，引来孩子鄙夷目光”的父母，所以，建议父母一定要有终身学习的理念，要有生命不息、学习不止的实际行动，拒绝做一个平庸却常犯错误的父母。

育儿行动

运用犯错误效应，要求我们大人适时适当“犯错误”，为良好的亲子关系和孩子的自信留出空间。

第一，下班回家，父母如果觉得累了，尝试跟孩子说：“今天爸爸（妈妈）没有力气做饭，你来做大厨，我给你打下手。”放手让孩子做，享受孩子为家庭服务的时光。

第二，家里购置新花样的物品，在安装时多挠挠头，多问问孩子安装说明书的意思是什么，应该怎么装，让孩子觉得“这么简单都不会？看我的！”

温馨家庭篇

· 43 ·

名人效应：为孩子营造精神家园

心理学家曾做过一个有趣的实验：在给大学生讲课时，向他们介绍一位著名的化学家。他带来了一种新发现的化学物质，该物质具有强烈的气味，但对人体无害。现在他想测一测这种物质对人的嗅觉的影响。接着打开瓶盖，过了一会儿，他要求闻到气味的同学举手，不少同学举了手。其实瓶子里根本不是什么新物质，只不过是蒸馏水，化学家也只是普通教师。但为什么同学们会出现这种“不真实”的判断？其奥秘就在于化学家这个“身份”所带来的权威影响，其使学生做出这个“身份”所期待的行为。心理学家把这种由于接受名人权威和知名度的暗示所产生的信服和盲从现象称为名人效应。

效应启迪

由于信息技术和互联网的迅速发展，网络媒体越来越方便快捷，名人效应的运用也越来越普遍，对很多事物和活动起到了推波助澜的作用。某些商家或团体利用名人效应来达到自己的某种目的，如提高知名度、扩大影响、增加销售等，因而名人效应成为吸引公众、广告创意、集聚焦点的重要手段。特别是名人代言广告，具有吸引力、感染力和可信度，有助于引发人们的注意、兴趣和购买欲。日常生活中几乎每个人都笼罩在名人效应之中，无形中受到名人效应的影响而做出或好或不好的选择。

所谓名人，是指在某一领域、专业有较高成就，被人喜欢并享有一定声望的人。名人效应之所以能发挥其积极作用，除了受名人本身有较高的知名度、可信赖度、权威性这些光环的影响之外，还因为人都有崇拜心理，特别是少年儿童，更容易把自己喜欢的名人作为崇拜的偶像，愿意把他作为自己学习和模仿的榜样。在教育中，许多有经验的教师也经常发挥名人效应的作用对学生进行教育。例如，讲爱国情怀时引用周恩来的“为中华民族之崛起而读书”；讲甘于奉献乐于助人时采用雷锋精神；讲崇尚科学勇攀科学巅峰列举杂交水稻之父袁隆平、导弹之父钱学森……在班级里也会根据学生的表现相应地张贴一些名人名言，发挥名人效应的榜样示范作用，营造良好的班级氛围，以提示、警醒、潜移默化地影响学生，激励他们努力学习，奋发向上。

家庭是人的精神寄托。孩子来到世上首先接触的是家庭，生活时间最长的地方也是家庭。家庭给孩子什么样的影响，完全取决于家庭成员共同营造什么样的家庭氛围，形成什么样的家风，并以什么样的价值取向来引领孩子的精神成长。父母可以充分利用名人效应的积极影响，与孩子一起选择名人，营造良好的精神家园，促进孩子健康快乐地成长。

同时，也要防止因过度盲从产生的名人效应。特别是身心发育还不成熟的孩子，他们更容易被名人形式化、表面的形象所吸引，模仿名人的一颦一笑、一举一动，迷失自我，无心向学，甚至出现不切实际的疯狂追星现象，严重时还可能导致家破人亡。

运用建议

名人效应以其独特的吸引力、感染力和说服力影响着每一个人的生活。父母也可以充分发挥这一效应的魅力，引领孩子的精神成长，守护孩子的心灵家园。

1. 理性看待孩子追星

追星是名人效应在未成年孩子身上最典型的一种表现，是孩子社会化的一个重要历程，是几乎每个人在孩童时期正常的仰慕、崇拜的心理需求。一般而言，婴幼儿把父母当作权威来崇拜；学龄期孩子把老师当作“明星”来崇拜；青春前期的孩子更喜爱把和自己的兴趣爱好一致的人当作偶像，如爱好篮球的会喜欢易建联，爱好钢琴的会喜欢郎朗，对星空感兴趣的会喜欢航天英雄杨利伟，等等；随着年龄的增大，孩子追星的原因越来越多，也越来越丰富，但主要还是喜欢和崇拜那些与自己的梦想关系密切，以及与自己理想自我形象相似的明星，他梦想着自己也能成为明星那样的人，享受明星的尊荣，从而获得心理上的满足和慰藉。

面对孩子追星，不少父母持反对的态度，主要是担心孩子追星影响学业，也担忧追星给孩子价值观的形成带来不良影响。有担忧是正常的，但因为担忧就想办法限制或阻止孩子追星，肯定是不明智的。这不仅不利于解决问题，还可能恶化亲子关系，也不能满足孩子追求真善美和发现理想自我的心理需求。孩子追星本身是没错的，关键是追什么样的星，怎样追星。更何况，无论是政治家、科学家、医学家、企业家，还是影视歌星或体育明星，他们之所以能成名，一定是因为他们在某一领域或专业有其过人之处，也一定是付出了艰辛的努力才获得成就的。把这些健康的、积极的特性提炼出来，让孩子倾慕和崇拜，并以此为目标激励孩子努力奋进，才是名人效应要发挥的积极意义。因此，父母要理性看待孩子的追星，对孩子追星不要“堵”而是“疏”，引导孩子把明星身上的优点变成为学习的楷模。

2. 与孩子一起营造精神家园

名人一般都具有较高的知名度和美誉度，更能引起人们的好感、关注，使人印象深刻，从而使人信服、仰慕和崇拜。父母可以充分利用名人效应这一积极意义，根据家庭实际情况和孩子的行为表现、心理需求建设家庭文化，营造精神家园。父母可以与孩子一起了解、学习和摘录名人名言，并把这些名人名言布置在家里适当的位置，不定期地与孩子探讨这些名人的事迹和这些名言的内涵，潜移默化地把这些名人精神变成家庭的共同愿望和价值体系，推动良好家风的形成。例如，希望孩子勤奋努力可以讨论韩愈的“业精于勤，荒于嬉”，希望孩子珍惜时间可以探讨莎士比亚的“放弃时间的人，时间也放弃他”，希望孩子读书可以学习高尔基的“书是人类进步的阶梯”，等等。当然，也可以概括孩子喜欢的名人曾经说过的话作为箴言。对于这些悬挂在家里的名人名言，父母要不定期地与孩子进行讨论，如果发现孩子已经领会名人精神，并付诸行动，就要及时给予鼓励。同时与孩子商量更换，不要把同样的名人名言永远悬挂在家里。悬挂不是目的，与孩子学习和讨论才能真正发挥名人效应。

3. 与孩子寻找身边的名人

在运用名人效应时切莫把名人神化或者丑化，名人也是由普通的平凡人经过数年甚至数十年的努力拼搏才成为名人的。成为名人，绝不是天生的，也不可能一夜之间就可成名。父母可以引导孩子读一读名人传记，发现他们成长的心路历程，了解他们是如何找到自己的人生理想和目标的，从而激励孩子从现在做起，从我做起，树立远大理想，为实现自己的人生价值而努力奋斗。

名人也不是高不可攀、不可触及的。在我们身边就有许许多多看得见、摸得着和自己差不多的、真实存在的名人。2020 年，抗击疫情一线涌现出千千万万的抗疫英雄，他们不仅有科学家钟南山、李兰娟，与病毒抗争的白衣天使，还有一大批城市摆渡人、社区志愿者、火神山建设者、快递小哥、保洁阿姨，他们都是我们身边的、平凡不起眼的普通人，正是他们的努力和付出才战胜了疫情，他们就是孩子身边的英雄、名人。父母应该和孩子一起了解、学习这些感人故事，让孩子明白，以他们为榜样，只要勤学苦练、不畏艰难、真才实干、为国为民做贡献，一样也可以像他们那样成为英雄、名人。

育儿行动

榜样的力量是无穷的。发挥名人的正面激励作用，防止过度盲从，才是正确地发挥名人效应的作用。

第一，把孩子喜欢的名人名言找出来，与孩子一起学习讨论，并商量如何悬挂在家里，建设良好的精神家园。

第二，与孩子寻找身边的名人，了解他们的感人故事，为孩子树立身边的榜样。

第三，与孩子讨论一个“网红”事件，警惕为了成名而不择手段地“吸睛”“出位”，避免孩子受到不良影响，过度盲从。

· 44 ·

泡菜效应：创设适合孩子成长的家庭环境

经过发酵、加工可以长时间储存的泡菜是很多人都喜爱的美食。大白菜、卷心菜、萝卜等都可用来制作泡菜。泡菜经过腌制发酵会产生不同的风味并含有丰富的乳酸菌，能帮助消化。因此在世界许多地方都有制作泡菜的习惯。吃过泡菜的人都知道，即使是同一种蔬菜放进不同的泡菜汁里浸泡一段时间后也会出现完全不一样的口味。同样，人们到了一个特定的环境，由于一段时间的耳濡目染和熏陶，其性格、气质、素养，甚至思维方式等都会因为受到环境的影响而出现明显的变化，看待同一件事情的心态也会趋于一致。心理学上把这种环境对人的感染和同化作用称为泡菜效应。

效应启迪

在生活中随处可见泡菜效应的影响。例如，两个人生活在一起久了，彼此总会变得意气相投；孩子的一些习惯和喜好，多少能从父母身上找到影子；父母的一些天分和行为习惯还会很神奇地传递到孩子的身上。这些都是泡菜效应的影响。家喻户晓的《孟母三迁》的故事和近代“狼孩”的发现，无不证明了泡菜效应能在人的发展中起作用。心理学家华生甚至曾说：“给我一打健康的婴儿，不管他们的祖先状况如何，我都可以任意把他们培养成

从领袖到小偷等各种类型的人。”把环境和教育对人发展的作用夸大到极致。不管如何，环境对人能产生或好或坏的影响是不争的事实。

在家庭教育中，泡菜效应的作用更是明显而巨大。因为孩子来到这个世界基本上是一张白纸，他们最早接触的人是父母，最早接触的场所是家庭。父母和其所营造的家庭环境将直接影响孩子的兴趣爱好、习惯、品德、性格和能力的发展。很多父母深知环境对孩子成长的重要，但他们不是把主要目光放在良好家庭环境的创设上，而是努力希望给孩子提供更好的社会环境。例如，选择高档住宅小区，希望有个更文明的社会环境；对孩子的交往群体进行一定的挑选，不让孩子和自己认为的“坏孩子”来往，让孩子接触优秀的、好的孩子，净化孩子的人际交往环境；还有给孩子选择“最好”的学校，导致学区房的盛行。父母以为这样就是对孩子负责。其实不然，父母这样做不仅给自己和孩子造成极大的压力，更重要的是把劲儿使歪了。影响孩子成长的环境不仅仅是学校环境和社会环境，更重要的还是家庭环境。家庭才是孩子成长的摇篮，家庭才是孩子发展的前提基础，家庭才是孩子健康成长的根本保证，在促进孩子身心全面协调发展、塑造孩子健全人格和良好品德中发挥着极其重要的作用。这就是泡菜效应对家庭教育的启示，父母要创设适合孩子成长的家庭环境，发挥环境的育人功能。

运用建议

《中华人民共和国未成年人保护法》明确规定：“父母或者其他监护人应当创造良好、和睦的家庭环境。”可见家庭环境的创设对孩子成长的重要性。家庭环境一般包括家庭物质环境、家庭文化环境和家庭人际环境。环境对孩子成长的影响都是通过家庭生活得以实现的。那么，父母如何运用泡菜效应创设适合孩子成长的家庭环境呢？

1. 家庭环境布置有讲究

孩子每天生活的环境都能充分发挥着耳濡目染的作用，不同的环境布置会对孩子产生不同的影响。干净整洁、充满浓郁书香气息的家庭环境不会培养出衣冠不整的孩子；家庭成员互敬互爱、温馨和睦也不会培养出没有礼貌的孩子……因此，父母一定要重视家庭环境的布置。父母期待孩子养成什么习惯，成为什么样的人，就要在家庭布置上巧花心思。例如，期待孩子学习时能专注，书桌上的东西要分类整齐摆放，不放与学习无关的物品；期待孩子情绪能更积极和稳定，就要在家庭布置中多用淡蓝、浅绿、浅黄等让人看了觉得心情舒缓的颜色，少用大红大紫等过于鲜艳的颜色；期待孩子爱上厨艺，厨房的布置也要适合孩子，选择置物台的高度、厨具的大小等也要把孩子的具体情况考虑在内；期望孩子独立，在安排家庭空间的时候也要给孩子一个相对独立空间，让孩子有自己的房间、床、书桌、衣柜、游戏区等，让孩子自己学习如何管理和整理，切不可因为觉得孩子还小就什么都和大人共用；期待孩子爱干净就给孩子一个干净整洁的环境；期待孩子会收拾，就把家里的物品收拾整齐……

家庭环境布置不一定富丽堂皇，也不一定装饰高档，只要干净整洁、实用好用、美观大方、温馨高雅，有利于孩子健康快乐地成长就行。而且还可以根据孩子的年龄特征有所变化，也可能要根据不同地区的风俗习惯而有所选择。

2. 营造良好的家风

家风又称门风，指的是家庭或家族世代相传的风尚、生活作风，即一个家庭当中的风气。家风是家庭的灵魂，是给家中后人树立的价值准则，是一个家庭最好的精神不动产。清朝名臣曾国藩虽然位高权重，但是秉持“俭”和“勤”的家风。后人说“曾家无一是废人”，六代子孙兴旺了百年。曾国藩的子孙后代，哪怕没有直接接受过祖先的教育，但这种简朴勤勉的精神，却融入血液，成为一个家族的品格，这就是家风的重要影响。

家风体现的是特定的家庭文化。如果希望孩子尊重他人，家庭成员之间相互尊重、理解就是先决条件；如果希望孩子团结互助，父母在教育子女的时候就要注意不偏袒，一视同仁，让孩子感受到同等的爱；如果希望孩子勤勉好学，父母对待学习和生活的态度就是一个最好的示范。在家庭生活中，父母的关怀、家庭的温暖、民主平等的关系、文明礼仪的风气、奋发向上的精神力量等，对孩子的成长都是一种积极的动力和催化因素。

3. 倡导健康文明的家庭生活

我国近代著名的教育家陶行知先生教育思想的核心就是生活即教育。好的生活就是好的教育，不好的生活就是不好的教育，离开了生活，家庭教育就成了空壳。孩子从生下来到长大成人，大部分时间都和父母生活在一起。父母的为人处世、生活点滴都在潜移默化地影响着孩子，无时无刻不在塑造孩子、教育孩子。一个家庭的生活方式是否健康文明，会像泡菜效应那样发挥或好或坏的作用，会对孩子的成长起到积极或消极的影响。

父母早睡早起，饮食均衡，孩子必定日积月累也养成良好的生活习惯；父母注重运动保健，孩子必然也比较关注自己的身体健康；父母合理用眼，不过度使用手机和电脑，有丰富的生活安排，孩子近视、沉迷网络的概率也会比较小；父母勤于家务劳作，孩子也不会懒散；父母日常生活消费精打细算，孩子也会懂得珍惜，不会花钱大手大脚……父母给孩子什么样的家庭生活，意味着孩子未来的生活质量会是什么样。

育儿行动

泡菜效应让我们认识到，不同环境对孩子的成长有不同的影响。父母要创设适合孩子成长的家庭环境，通过环境育人，促进孩子健康快乐地成长。

第一，周末和孩子一起来个大扫除，清洁卫生的同时也对物品进行整理，使自己和家人生活在干净整洁的环境中。

第二，父母和孩子共同讨论家风，找出自己家的家风是什么，家庭成员最期望形成的家风是什么，怎样才能养成这种家风。

·45·

蚂蚁效应：孩子成长需要温馨的港湾

有这样一则小故事：一棵百年老树的树底下有一群蚂蚁在这里安营扎寨。为建设自己的家园，蚂蚁辛勤劳动，整天运送土石，啃咬树皮……有一天，一阵微风吹来，这颗百年老树轰然倒下，最终零落成泥。这个故事告诉我们：一只蚂蚁的力量是微不足道的，但是上千只甚至更多的蚂蚁组成的团队可以让一棵参天大树轰然倒下，甚至可以将一只狮子或一只老虎在短短的时间内啃成一堆白骨。这就是蚂蚁效应。所谓蚂蚁效应，是指即使个人的力量非常弱小，只要能够凝聚在一起组成团队，就可以发挥出神奇的力量。

效应启迪

“团结一条心，石头变成金”。单个蚂蚁虽显得微不足道，但成千上万的蚂蚁聚在一起，就能汇聚成了一股无坚不摧的力量。正所谓“人心齐，泰山移”。团结就是力量，只有精诚团结、齐心协力才最有力量。

家是温馨的港湾，每一个人来到这个世界上首先接触的环境就是家，如果家庭成员相亲相爱、和和美美、和睦相处，心往一处想，劲儿往一处使，那么这个家庭一定是温馨和谐的、充满爱和温暖的。人在这样的环境中生活一定是安全的、舒服的、快乐的、充满力量的。在这样的家庭环境中成长的孩子，生活有滋味、学习有兴趣、工作有激情、责任有担当、事业有成就、心灵有归宿，过着美满幸福的生活。相反，如果家庭小吵不断、大吵经常、关系紧张、家人厌恶憎恨、充斥暴力，人在这样的家庭中生活就会处于紧张不安的状态，缺乏安全感，产生焦虑、恐惧、挫折、不安的心灵创伤，甚至出现人格障碍。这不仅是人之不幸，也是社会之不幸。正所谓“家和万事兴”，每一个人都希望生活在和和美美的温馨的港湾里。这就是蚂蚁效应对家庭教育的启示。

家庭是否温馨和睦主要是由家庭人际关系决定的。大量的研究和事实证明，越和睦的家庭人际关系，孩子的学业和品德越好；越是紧张的家庭人际关系，孩子的安全感越差。孩子在家庭里体会不到安全和温暖，就被迫到社会上寻找，极易受社会不良风气影响走上邪路，甚至滑向犯罪深渊。家庭人际关系主要包括夫妻关系、亲子关系、祖孙关系、兄弟姐妹关系，等等。夫妻关系是一切家庭人际关系的起点和基础，亲子关系是家庭人际关系的重心和焦点。建立温馨和谐的家庭，就要牢固树立平等、团结的观念，建立和睦融洽的家庭人际关系。家庭生活中，夫妻之间应互敬互爱、互信互帮、互慰互勉、互让互谅、彼此忠诚、同甘共苦。亲子之间是平等的，应该相互了解、相互接纳、相互尊重、相互学习、相互爱护，形成亲密而和谐的关系。除此之外，父母作为家庭的核心人物，还要处理好祖孙、兄弟姐妹、婆媳、姑嫂、妯娌等其他家庭关系，要以平和的心态对待家人，彼此之间做到和谐共进、相互理解、真诚合作，多一份沟通少一些误解，多一份信任少一份猜疑，让家庭更加温馨和睦，从而使每位家庭成员都热爱家庭，热爱生活，努力工作，进取向上，促进家庭幸福。

运用建议

要建设孩子成长的温馨港湾，蚂蚁效应告诉我们要团结所有家庭成员，营造和睦融洽的家庭人际关系，为孩子的身心健康成长保驾护航。

1. 良好的夫妻关系是家庭温馨和睦的基础

有了孩子之后，夫妻关系就不仅仅是两个人的关系，而是关系到整个家庭成员的和睦、幸福与快乐，特别是关系到孩子的终身幸福。著名作家托尔斯泰说过："夫妻之间的和睦与幸福是成功教育儿童的首要条件。"甚至有人说"丈夫爱护妻子，妻子体贴丈夫是对孩子最好的教育"，从中孩子懂得爱护别人、尊重别人、关心别人、体谅别人、包容别人，懂得待人真诚、乐观自信，懂得爱和奉献。所以，家庭和睦、婚姻幸福是孩子健康成长最好的环境。

当然，夫妻之间发生矛盾冲突是正常的，是不可避免的。两个在不同家庭、不同地域、不同风俗习惯下长大的人走在一起，不管是文化背景、生活习俗、性格特征还是兴趣爱好可能都存在差异，需要磨合和相互理解，在这个过程中出现问题和矛盾是正常的。只要夫妻之间相亲相爱、相互尊重和包容，就没有什么"隔夜仇"，也不会对孩子的成长产生威胁，说不定还会为孩子的成长增添一些生活味道，更真实也更有人情味。

但是，如果夫妻之间出现的矛盾没有及时化解，而是越来越紧张、越来越尖锐，甚至出现婚姻关系破裂，伤害的不仅是夫妻双方，更重要的是孩子。这个时候，孩子往往会成为夫妻的"出气筒""替罪羊"，导致孩子对家产生恐惧，缺乏安全感和归属感，甚至出现心理障碍。孩子是无辜的，为了孩子的身心健康，应该要建立良好的夫妻关系（夫妻相亲相爱、相敬如宾）。当然，倡导夫妻关系水乳交融，并不等于阻止婚姻失败的父母离异，也不是倡导为了孩子故意维持不和谐的夫妻关系。在现实生活中确实有些夫妻过不下去了，但依然为了孩子"忍辱负重"，这样做并不是真正的保护孩子，为了孩子好。孩子每天看到父母为了自己而吵闹或冷漠相对时，不可能开心快乐，还会产生极大的内疚感，甚至有可能产生更大的伤害。其实，离异本身对孩子的伤害不是最大的，而离异后夫妻间成为敌人，使孩子从此缺乏父母的爱，才是对孩子最大的伤害。即使离异，爸爸依然是爸爸，妈妈依然是妈妈，仍然履行抚养孩子的义务，给孩子温暖和爱，这样对孩子的不良影响就会降到最低。好聚好散、好合好离才是对双方、对孩子、对家庭伤害最小的，也是最负责任的。

2. 避免隔代教育容易出现的不和谐

隔代教育在我国非常普遍，许多年轻父母受社会竞争压力和中国优秀传统家文化思想的影响，把孩子托付给家里祖辈抚养，平时忙于工作和事业，只有晚上和周末才有空陪伴孩子，甚至一年到头亲子相聚时间甚少，使孩子成为留守儿童。不可否认，祖辈抚育孩子有着天然的优势：他们有养育孩子的经验，有慈爱的心，有耐心，有责任心，有充裕的时间，也能弥补儿女在教育孩子中的不足，特别是在生活起居上更是无微不至地照顾孩子。但也不可避免地会出现一些弊端，容易出现的问题主要有两方面：一方面是祖辈更容易溺爱、包庇、袒护孩子，使孩子生活在过度保护中，丧失独立自主能力，不利于孩子健全人格的形成；另一方面是教育观念相对落后、方法比较陈旧，很容易与儿女意见不一，甚至产生矛盾冲突。特别是三代同堂中的婆媳，往往因为生活习俗、卫生习惯和教育孩子方式不同这些“小事”而发生激烈争吵，不仅削弱了两代人对孩子的积极影响，还导致家庭不和睦，家庭氛围紧张、沉闷、冷漠，不利于孩子的身心健康，更重要的是会让孩子“亲情转移”，疏远父母，亲子关系淡漠，难以弥补。

因此，必须注意避免隔代教育中容易出现的不和谐现象。避免这种现象出现应把握两个原则：一是亲子教育才是家庭教育的主体，隔代教育只是亲子教育的补充，绝不是代替，在孩子的成长和教育中，祖辈只能是“配角”。所以祖辈应该正确看待自己的角色、地位，在帮助儿女抚育孩子的过程中把握好度，学会“退居二线”，做“幕后”工作，把“台前”交给儿女；二是站在爱孩子的立场上相互理解与包容，统一战线，绝不能在孩子面前相互争斗。就算意见相左、有误会也要主动沟通，父辈要感谢祖辈的付出，理解祖辈的心情和意愿，祖辈也要接纳和尊重父辈的决定，统一了意见才能教育孩子。

为孩子营造温馨家园，不仅要处理好夫妻关系、祖孙关系，还要处理好亲子、兄弟姐妹等家庭人际关系。不管何种关系的建立，都要以爱和理解为核心，以和谐、和睦为目标，这样才能使家庭成员团结一心，发挥蚂蚁效应，使家庭更温暖、更美好、更幸福、更快乐！

育儿行动

为孩子心灵成长创设温馨港湾是每一位父母的责任，请运用蚂蚁效应填写下表，反思自己家庭人际关系的和谐度。

关系类型	现状描述	问题表现	尝试改变
夫妻关系			
祖孙关系			
亲子关系			
婆媳关系			
亲子、兄弟姐妹关系			
妯娌关系			

· 46 ·

毛毛虫效应：家庭生活需要创新

法国昆虫学家法布尔曾经做过一个著名的实验叫毛毛虫实验：把许多毛毛虫放在一个花盆的边缘，使其首尾相接，围成一圈。在花盆周围不远的地方，撒了一些毛毛虫喜欢吃的松叶。毛毛虫开始一个跟着一个，绕着花盆的边缘一圈一圈地爬。实验者曾希望看到毛毛虫会很快厌倦这种毫无意义的绕圈而转向它们喜爱的食物，遗憾的是毛毛虫并没有这样做。它们夜以继日地绕着花盆的边缘转圈，连续走了七天七夜，最终因为饥饿和精疲力竭而相继死去。后来，科学家把这种因为盲目跟随而导致失败的现象称为毛毛虫效应。

效应启迪

在毛毛虫实验中，导致这种悲剧产生的原因就是毛毛虫固守着原有的本能、习惯、先例和经验，没有打破陈规、跳出原来的舒适圈另寻他路去觅食。其实，无论在工作、生活还是学习中，人们都会犯类似毛毛虫这样的错误。当人们习惯了循规蹈矩时，思想上容易产生惯性，遇到事情会不由自主地按固定的思路，依靠既有的经验去解决问题。这种做法有积极的一面，因为先前的思路和方法具有相对的成熟性和稳定性，可以缩短人们思考的过程，使人们更加顺利地解决问题。但是它的消极影响也不容忽视，循规蹈矩容易使人懒惰，缺乏创造力，阻碍潜能的发挥。时代在不断变化和发展，对于任何问题的解决都不能禁锢于以往的固有模式，人们应该摆脱自己头脑中的惯性思维，不断创新才能越来越好。

避免毛毛虫效应的负面影响关键在于创新，不墨守成规。生活中也是如此，如果一个家庭每天因循守旧，按固定的方式工作、学习和生活，就会形成一种单调的惯性循环，使家庭环境显得沉闷压抑，家庭生活僵化无趣，幸福快乐无从谈起，而且也有悖于孩子身心健康发展的规律。如果孩子每天的活动仅限于上学、吃饭和睡觉，单调乏味的生活会压抑孩子的天性，扼杀孩子对世间万物充满的好奇心和探索欲。孩子不是在无聊中变得呆板内向，就是在无聊中变得调皮捣蛋。因此，父母应该采取多样化的养育方式，探寻灵活多变的学习方法，娱乐活动也要丰富有趣，培养孩子广泛的兴趣爱好，关注孩子德智体美劳的全面发展，让孩子在丰富的生活体验中快乐成长！其实，这也是父母自身避免毛毛虫怪圈，克服职业倦怠和生活厌倦的现实需要。

运用建议

1. 丰富孩子的兴趣爱好，让生活更多姿多彩

健康的兴趣和爱好是学业生活的补充，它不仅能拓展知识、陶冶性情，还丰富了孩子的生活，使生活更加多姿多彩，乐趣无穷，避免毛毛虫效应的单调乏味。因此，父母应该支持孩子有广泛的兴趣爱好，不仅是艺术类的，也可以是智力发展、体育竞技之类的，如音乐、舞蹈、绘画、象棋、跳绳、拳道、骑车、球类运动、攀岩爬高，等等，都是很好的兴趣爱好，不仅可以强身健体，还能促进大脑发育，提高孩子的审美情趣，也会给生活增加了很多欢乐。

如果经济或时间允许，父母还可以带孩子一起去旅行，陪孩子夏天玩水、冬天玩雪、春天踏青、秋天赏枫。五彩缤纷的大自然和丰富的社会景观刺激着孩子的各个感觉器官。他们兴致勃勃地注视、倾听、触摸、品尝，观察能力、描述能力和思考能力都能得到充分锻炼。通过准备和参与旅行整个过程，孩子的很多潜力会得到激发和展示，他们既了解了地理、历史等多方面的知识，还能体会到“花钱容易，赚钱不易”的生活道理；不仅体验了生活的乐趣、磨砺了坚强的意志，还激发了好好学习、努力奋斗的动机。

2. 居家也可以有多种玩法，让闲暇生活更有趣

家务不仅是一项劳动，也是不错的娱乐。鼓励孩子参与进来，让孩子帮忙洗水果然后一起品尝；全家一起擀饺子皮，揉面团，再把面团做成孩子喜欢的样子，如猪猪包、小兔包，等等，孩子不仅能在动手的过程中体验到快乐，还能在享受劳动成果时成就感满满，这些都是对生活有趣的感知。父母还可以带着孩子一起动手，在家里的阳台上进行植物的种植和栽培：找一些现有的花盆、塑料罐或瓷碗杯，准备一些土壤，利用一些水果种子或植物茎，就可以让孩子体验一下松土和播种的过程。为了便于孩子观察，可以选用那些生长较快，易于观察的植物，如豆子、葱头等。当孩子看到它们破土而出时，孩子会觉得非常有趣，也会把它们当宝贝一样细心照料。还可以在家实验一下“无土栽培”，如水仙花、大蒜等，将这些植物“养”在水里，它们就能长出一片“绿色”，不仅可以观察记录，最后还能食用，孩子们肯定欣喜异常。

谁说待在家里一定很无聊，关键在于是否用心生活，是否有所创新。这些活动不仅能克服毛毛虫效应的呆板、无趣、劳累，以及学习效率低下等，更能充分调动多种感官，激发孩子探索未知的好奇心，培养孩子观察分析的能力。放松愉悦的心情也能使人放下紧张的学习压力，提高学习效率和质量。

3. 适当增设仪式感，让家庭生活更有情调

夫妻的结婚纪念日、家庭成员的生日、孩子的毕业典礼等这些重要日子，是否需要好好庆祝一番呢？有人说，送的鲜花很快会枯萎，何必浪费钱搞这些无用的形式。然而，这些仪式恰恰是家庭幸福和保持新鲜感的秘诀。生活要有仪式感，它并不完全是脱离实际的浪漫，更使得这一天与其他日子不同，增加生活的乐趣。在爱人生日时，和孩子一起为他（她）策划庆祝，准备一份简单的小礼物，这种发自内心的爱会给对方带来满满的幸福感，使爱情得以保鲜，也使孩子从中感受到爸爸、妈妈是相亲相爱的，家庭是幸福的。

除了重要的日子，仪式感也可以体现在用心对待生活中一些看似平凡的小事上。比如开学时，当新课本发下来时，有些孩子直接把书塞进书包备用，有些孩子却在父母的陪同下细心地给新书装上书皮。装书皮既能防止课本磨损，也是新学期开始前的小小仪式，让孩子意识到，从现在起与假期不一样了，要做好准备，迎接新学期。

仪式感并不是追求形式、华而不实的东西，偶尔的惊喜能给人带来存在感和被需要感，是家庭生活中最令人感动的“创举”。那些对于孩子来说充满仪式感的日子，如亲子运动会、汇报演出、成人礼等，父母尽量不要缺席。因为，父母的出现会让孩子感觉到被认可、被重视，而这些看似平凡的仪式，也会成为父母和孩子共同的美好的回忆。这也是避免毛毛虫怪圈的本意所在。

育儿行动

增添家庭生活的乐趣，避免毛毛虫效应，请寻找一些家庭中的事情，给生活创造一些仪式感。

第一，在特殊的纪念日或孩子生日，选个照相馆，拍个不一样的全家福或写真集，让这一天更有意义。

第二，全家人围坐一起，关掉电视、放下手机，好好策划周末活动，让闲暇时间更多姿多彩。

·47·

圆桌效应：孩子也是家庭一员

相传公元前5世纪前后，英国国王亚瑟和他统帅的骑士举行会议时，是不分上下席位的，统统围着圆桌而坐，由此也形成了圆桌会议的称呼。由于围桌而坐，不分上下，可以避免席次的争执，所以含有与会者一律平等和协商的意思。而且，圆桌所呈现出来的柔和感和圆周曲线美使就座者很容易产生出亲切的关系、和谐的闲聊、融洽的气氛等形象和感受。为此，人们把围坐圆桌开会所产生的平等、亲切、和谐和融洽心理称为圆桌效应。

效应启迪

家和万事兴，这是世人皆知的道理。但在现实生活中，不少父母并没有做到知行统一。一有什么不顺心、不如意，就横加指责、大发雷霆，甚至动手打人，上演家庭暴力，导致家庭小吵不断、大吵不停，鸡犬不宁，最终受害的还是孩子。就算没有达到家庭暴力这种严重程度，但封建的家长意识还是比较根深蒂固。“小孩子懂什么？走开！”“这是大人的事，什么时候轮到你说话了？”“我是你爸！”“我是你妈！你是我生出来的，我管你有错吗？”“听不听话？”诸如此类的现象数不胜数。这些都是违背圆桌效应原理的，也有违中国优秀传统所追求的和气生财、和和美美、和睦相处的和谐文化。

圆桌效应对家庭教育的启示是：孩子是父母生出来的，也是父母抚养和教育的对象，但是孩子并不是父母的私有物品，不是父母想怎样就可以怎样的。孩子是具有独立人格的人，亲子之间在人格上是平等的。父母只有带着平等的观念与孩子相处，孩子才愿意与父母交往，也才能够激发孩子参与家庭事务的热情，亲子之间的关系也才能像圆桌效应那样产生平等、亲切、和谐、融洽的氛围。因此，父母应该像英国国王亚瑟那样，让每一个家庭成员都享有家庭权利，平等地尊重每一个成员，特别是孩子。

1. 避免家长意识，平等民主地对待孩子

家长，一家之长也。受封建思想残留的影响，这样的家长往往掌握家庭的经济大权，在家庭中居于主导地位，高高在上、独断专行，强行要求家庭成员按自己的想法和意图去做事，不会站在对方的角度来看待问题，甚至要求绝对服从。从理性上看，当代父母都自认为自己不会有这种封建家长式的作风。但事实上，不少父母却有意无意地犯了这种毛病。他们总认为孩子还小，什么也不懂，会不停地说教，诸如：“我吃过的盐比你吃过的饭还多，你懂什么啊？”等，并打着为孩子好的名义，从小就为孩子想好各种出路，为孩子做好各种安排：“我不是为你好，我干吗要这样做？”“我不是为你好，我这么辛苦干什么？”“你不这样做，你对得起我吗？”其实，这就是高高在上的家长意识在作怪。是的，孩子虽然是未成年人，知识经验都不足，需要学习和成长，更需要父母履行监护职责，但监护不等于控制，为孩子好不等于不由分说地把自己的想法和意志强加给孩子。

孩子是人，是有意识、有独立人格的人。家长意识不仅不尊重孩子，更

会伤害孩子。轻者让孩子形成依赖、缺乏主见、退缩、胆怯、懦弱的性格；重者让孩子缺乏自信，变得自卑，甚至自暴自弃，或者逆反抵抗，与父母对着干，脾气暴躁。那时候父母后悔就来不及了。因此，父母要主动应用圆桌效应，抛弃高高在上的家长意识，尊重孩子，平等民主地与孩子交往，良好的亲子关系就能建立，和谐的家庭氛围就能形成。

2. 尊重孩子的家庭地位

“赶紧去做作业，在规定时间内没有做完作业，我就罚你拖地！”现实生活中这种惩罚式做法屡见不鲜。这是家庭教育中极大的误区，是不尊重孩子家庭地位的表现。首先，做作业和拖地是两码事，做作业是孩子自己的事，而拖地是家庭的事，家庭的事是所有家庭成员的事，孩子作为家庭成员，他也有义务做，而不只是父母的事。其次，把拖地当作惩罚手段，就会让孩子觉得拖地并不是我的责任，而且还会厌恶拖地。这不仅不利于孩子家庭责任意识的培养，更不利于培养孩子的生活自理能力，以及劳动习惯，孩子长大后极有可能成为“啃老族”。再次，这是把学习与家庭生活对立起来，表面上看是为了孩子更好地学习，其实是害了孩子。当前，教育综合改革倡导的是生活化的学习，学习对生活有用的知识，如果孩子没有生活体验，学到的只会是书本知识，而不能真正掌握这些知识。

圆桌效应背后的核心理念是尊重。尊重要从对家庭成员和家庭地位的尊重开始。孩子也是家庭中平等的成员，他们有权利和义务分担家庭事务。父母应该让孩子感受到他不是家里的客人而是主人，应该让孩子享有家庭事务的知情权、参与权、发言权和决策权，同时也应该让孩子履行家庭的劳动义务。要让孩子知道：自己的事情自己做，家庭的事情商量着办。

3. 多召开圆桌家庭会议

家庭的事情商量着办，但是如何商量？圆桌家庭会议是比较好的方法，可以按以下步骤进行：第一步，家庭成员包括孩子在内，围坐圆桌而坐，不分主次。第二步，主持人抛出会议主题。围绕主题要讨论什么问题？例如，会议主题是购买小汽车，围绕这个主题要讨论的问题有“家里要不要买小汽车？”“买什么价位的小汽车家里才能消费得起？”“买什么款式的小汽车有利于家庭使用？”“买什么品牌的小汽车性价比高？”等。第三步，每个家庭成员围绕上面的问题发表自己的看法。别以为孩子小什么都不懂，有些孩子对车比较感兴趣，他对什么品牌车有什么性能比父母还清楚，父母一定要尊重孩子的参与权和发言权，认真倾听各位家庭成员的意见。第四步，在充分听取各方意见后，主持人综合得出一个意见，然后再供家庭成员商议。这是民主—集中—再民主的过程，充分尊重了家庭成员的权利，使家庭成员一律平等和充分协商。第五步，对最终商议的结果进行决议。如果对最终结果家庭成员没有太大的分歧，就愉快地决定；如果对最终结果家庭成员意见分歧比较大，就由家庭里威望比较高的成员决定，其他不同意见者不得反对只能保留意见。在这里不采用“少数服从多数”的选举制来决策，主要考虑以下几方面因素：一是家庭成员人数可能比较少，不适宜选举；二是由威望高的成员决定，不仅容易服众，而且更有能力承担决策的后果；三是孩子是未成年人往往会成为“少数”中的人，这对孩子而言是不公平的，也是对孩子的打击。

其实，圆桌效应的实质是相互尊重、平等相待，只要家庭成员之间有良好的关系、和睦地相处、和美地生活，就算不正式召开圆桌家庭会议，也会有商有量地处理家庭事务。在融洽的闲聊中增进亲子关系、夫妻关系，形成和谐温馨的家庭氛围。

育儿行动

第一，主动反思对孩子不尊重、不平等对待的言行，每天把这些次数记在下表。当不尊重、不平等的言行次数越来越少，控制不尊重、不平等的言行次数越来越多时，家庭就越温馨越和谐。

天数	不尊重不平等的言行次数	控制的次数
1		
2		
3		
……		

第二，按上面的圆桌家庭会议的方法确定家庭会议主题，召开一次圆桌家庭会议。

·48·

角色效应：亲子角色不能乱

心理学家观察到一个有趣的现象：两个同卵双生女孩，外貌非常相似，在同一个家庭中成长，从小学到中学，直到大学都在同一个学校、同一个班级读书，但是她俩的性格却相差甚远：姐姐性格开朗，喜欢交际，待人热情，处事果断，有较强的独立能力；妹妹则性格内向，不善交际，优柔寡断，依赖性强。是什么原因造成姐妹俩在性格上出现如此大的差异呢？通过调查发现关键的原因在于她们充当的角色不一样，先出生的被定位为“姐姐”，后出生的为“妹妹”，父母对待她俩的态度完全不一样：姐姐必须照顾妹妹，对妹妹负责；妹妹要听姐姐的话，遇事必须和姐姐商量。姐姐扮演了“保护者”的角色，妹妹则充当了“被保护者”的角色。这种因角色不同而引起的心理或行为变化被称为角色效应。

效应启迪

按理说姐妹二人有着同样的遗传基因，又一直生活在同样的环境中，不应该存在如此大的性格差异，可事实却恰好相反。在成长的过程中，父母赋予了姐妹二人不同的角色，产生了不同的角色效应，所以才会形成两种截然不同的性格。可见，角色对人的影响是巨大的，当被赋予某一角色时，人们

就会想办法调整自己的心理或行为，以适应角色的需要，使自己融入角色。

人是社会的动物，生活在社会中不能离开人与人之间的交往，在交往的过程中自然就形成了各种各样的角色，如教师、学生、医生、病人、朋友、同事、父亲、儿子、老板、经理，等等。甚至在同一生活情境中一个人也可能同时拥有多重角色：一个男人是妻子的丈夫、孩子的爸爸、父母的儿子、公司的经理、学校的家长、同事的领导、朋友的朋友……虽然每个人一生中的角色有很多种，但大致可以分为两类：一是获得的角色，如经过努力得到的职业角色（教师、医生、经理、观众、游客，等等）；二是天赋的角色，如孩子一出生就产生的父母角色、子女角色（是不以时间或情境的转移而消失的。就算夫妻离异，他们的孩子依然是他们的孩子，他们依然是孩子的父母，是不可能改变的）。

每种角色效应的产生都要经历三个过程：一是社会和他人对角色的期待。例如，在家是爸爸，在公司是经理，在车上是乘客，那么就要在不同的场所进行角色转换，行使相应角色的权利并履行相应的职责。二是自己对角色的认知，也就是自己对角色规范是否了解。三是产生角色行为，做角色该做的事。角色效应可能是积极的，也可能是消极的，关键在于一个人被赋予什么样的角色，以及这个人对角色有什么样的认知。例如，“我的爸爸是老总”，有些孩子把父亲的角色和自己的角色等同起来，没有正确的认知，导致自我膨胀等问题。有些父母把好孩子的角色定义为学习好，导致孩子的能力发展产生偏差。也有些父母把工作上的角色带回到家里来，尤其是教师，回家不做妈妈角色，还把孩子当作自己的学生来教导。这些都是没有正确的角色认知而导致的负面影响。

运用建议

1. 完善对父母角色的认知

当孩子出生后，父母出于爱的本能，都能做一个照顾者，本能地细心照料孩子。然而，当孩子的自我意识逐渐发展，父母的角色更加多元化时，如果父母错误定位自己的角色，则不利于为孩子营造良好的成长环境。父母经常会出现以下几种错误定位：第一种是控制者。父母以自我为中心，事无巨细地对孩子实施管控。他们最经常说的一句话就是："我是为了你好。"第二种是指责者。很多父母认为，教育就是用批评来纠正孩子的错误，总是指责或挑剔孩子的行为，甚至用嘲笑和讽刺的方式来打压孩子。第三种是溺爱者。孩子想要什么就给什么，甚至一些不合理的要求，父母都一味地满足，孩子衣来伸手、饭来张口，缺乏生活自理能力。

想要履行好父母角色，首先要建立明确的角色意识。父母要了解与父母角色相关的权利、义务和角色规范，强化角色责任感。最重要也是最基本的角色规范有两个：一是孩子的监护人，父母必须抚养孩子，保护孩子不受伤害，维护孩子的合法权益；二是父母是孩子的第一任老师，要履行教育职能，承担家庭教育主体责任，保障孩子的生命安全，使其健康成长。其次，孩子在每个成长阶段都有不同的特点，父母的角色行为必须随着孩子的成长做出适度的调整。比如，随着年龄增长，父母作为照顾者的角色行为要逐渐减弱，而成为孩子"朋友"的角色行为要逐渐增强。

当然，也有一些角色是需要父母一辈子去扮演的。第一是倾听者。父母要学会倾听孩子的内心，才能理解孩子并有效地帮助他们。即使孩子已经长大，父母也可以倾听他们工作中的苦恼，做孩子的知心朋友和精神支持者。第二是赏识者。每个孩子都有自己的优点和潜能，父母要善于发现并赏识孩子闪光的一面。比如，当孩子喜欢"打破砂锅问到底"时，父母要了解这是孩子求知欲强的表现，应该耐心解答，并鼓励孩子不断探索。第三是引导者。孩子的天性就是喜欢玩、喜欢自由、无拘无束，父母可以通过示范、潜移默化等方式不断地引导他如何去懂规矩，如何去做人。

2. 在正确的角色中做正确的事

虽然父亲和母亲具有一些共同的角色特征，但因为文化习俗、性别差异等，父母在各自的角色上也会存在一些差异，或者说在不同角色上有所侧重。比如，妈妈更擅长做孩子的照顾者，爸爸更适合做孩子游戏中的玩伴。因为妈妈和孩子在一起玩时，大多是进行一些温和的活动；而爸爸则喜欢选择一些较剧烈、带冒险性的活动和孩子一起玩，甚至连抱孩子也是把孩子高高地举起，或把孩子抛起来接住。父亲象征着一种雄性力量，具有刚强、坚毅、勇敢、独立、果断、理性、不拘小节等品质；母亲则象征着水的温柔，具有温暖、细致、关心、体贴、柔和、文静、感性、注重细节等女性特征。虽然父亲和母亲的角色特征不同，但没有优劣之分，孩子的健康成长和全面发展恰恰需要父母相互配合、优势互补才能得以保障。

一个和谐的家庭，往往是父母根据自己的性别和性格特点，具体分工并分别承担不同的角色，互相支持与配合（千万不能让角色错乱）。一是不能让父亲“缺位”。“男主外女主内”传统思想，以及外出打工迫于生计等的影响，导致父爱缺失，孩子刚性缺乏，男孩可能出现“娘娘腔”，女孩可能更柔弱，受不了委屈；二是不能“错位”。如果母亲过于强势，不仅容易造成父亲角色弱化或缺失，还会影响孩子性别角色的形成：女儿会认同强悍的母亲，儿子会认为父亲软弱是正常的，久而久之，女儿显霸道，儿子显懦弱。当然这里说的强势指的是性格上而不是事业上的“女强人”。现代社会有很多优秀女性在事业上很成功，但即使在外面叱咤风云，回家后也应该做一位温婉的妈妈，承担属于女性的母亲角色；三是避免“越位”。比如父母帮孩子检查作业、改作业、讲题等，这明显是越位，父母成了老师的“助教”。学习应是孩子自己的事，向孩子传授知识是教师的主要责任；而父母则是在日常生活中教孩子学会生存的本领，在道德修养、行为习惯、为人处世等方面教育影响孩子。

3. 帮助孩子树立角色意识

父母要帮助孩子从小树立角色意识，规范角色行为，不仅有利于孩子健康成长，也有助于孩子将来更从容地踏入社会。比如，在孩子小时候就可以引导其观察和理解不同的角色。去超市时，让孩子注意观察收银员和售货员的工作有什么区别，也可以让孩子去找售货员问问某些东西在什么地方，结账的时候让孩子拿着钱去找收银员结算。孩子随着生活经验的丰富和接触人群的扩大，会逐渐认识到一个人可以有不同的角色，每个角色都承担着不同的职责和分工，也逐渐建立和形成了一定的社会规则意识，初步掌握不同的角色应该遵守相应的社会规范和要求。

父母放纵溺爱孩子，等于是让孩子成为“主人”，父母却变成围着孩子转的“仆人”，这是一种颠倒的亲子角色，父母不像父母，孩子不像孩子。有些父母看到孩子总是指挥家人，还以孩子有领导才能而沾沾自喜，殊不知这样培养出来的孩子蛮横自私。在日常生活中，父母应该引导孩子理解自己与父母的角色，明白父母是家庭生活的供养者，是孩子生命健康的保护者，而且有丰富的经验，理应成为家庭的主事人。父母也要有自己的权威，不能混乱亲子角色，任由孩子在家庭里胡闹。此外，如果家庭里有长辈，父母应该做到尊敬老人、关心照顾，为孩子树立孝顺长辈的好榜样，孩子才会懂得“父母为先，长者为尊”的道理，然后内化成自己的行为。

育儿行动

找一个周末，不妨和孩子来个角色扮演的游戏，父母扮演需要被照顾的孩子，女儿扮演妈妈或者儿子扮演爸爸，让他们来照顾，体验一下父母这个角色需要承担些什么，如果“孩子”不按照“父母”的意见做会如何，从而使孩子学会理解和体谅父母。

· 49 ·

刺猬效应：亲子间的亲密关系准则

刺猬效应来源于西方的一则寓言：在寒冷的冬天，两只困倦的刺猬想要相拥取暖，但是因为各自身上都长着刺，当紧挨在一起时，双方都被扎得不舒服、无法睡得安宁。当它们远离时，又冷得受不了，于是又凑到一起。几经折腾，两只刺猬终于找到一个合适的距离，既能互相获得对方的温暖，又不至于相互扎伤。后来，社会心理学家把人际交往中这种不能太近也不能太远，保持合适距离才能产生温暖和安全的现象称为刺猬效应，也叫距离法则。刺猬效应可应用于多个领域：在管理实践中，领导者应该与下属保持亲密有间的关系，也就是一种不远不近的恰当的合作关系；在教育中，教育者与受教育者在日常相处中也应该保持适当的距离，才能取得良好的教育效果。

效应启迪

人类与生俱来有一种归属和爱的需要，这种需要使得人们渴望获得亲密关系，包括恋爱关系、婚姻关系、亲子关系等。亲密关系的特征有三个：一是双方有长期的频繁互动；二是对双方有重要影响；三是经常有身体接触。其中，亲密的亲子关系对孩子的身心健康发展具有重要作用，尤其是在孩子未成年时，对孩子性格的形成、品德的培养、意志的磨砺以及人际交往模式的建立都起到了决定性的作用。

既然亲子之间的亲密关系如此重要，那么是不是越亲密越好呢？其实不然，亲密过度也会有弊端，就好像夫妻和恋人之间，如果成天粘在一起，时间久了既没有什么新鲜感，矛盾也会越来越多；相反，适当地保持一点距离，给对方一些空间，爱情会维持得更长久。因此，再怎么亲密的人，也要有一定的空间距离和心理距离，否则容易产生审美疲劳，日久生厌。很多父母没有把握好亲子关系的亲密距离，把亲密演变成溺爱和包办，时时把孩子“捧在手心里、揣在兜里”，让孩子紧紧地依附着自己。最终却发现孩子越来越不听话，不但不感恩父母的付出，还经常顶撞父母、乱发脾气。正如刺猬效应提示的道理那样：靠得太近，容易把双方扎伤。

1. 亲密并不意味着剥夺独立

世界上几乎所有的爱都是以相聚为目的的，只有父母对孩子的爱是以相离为目的的。亲子关系和其他亲密关系相比，有一个明显的不同，就是亲子关系是逐步走向分离的，目标是孩子的成长和独立。当孩子学会走路时，就会挣脱父母的双手；当孩子有了朋友时，就会离开父母的全情陪伴。从咿呀学语到蹒跚学步再到懵懂少年，最后成长为有思想、有主见、有能力的独立的人，这是每一个孩子走向成熟的必然过程，也是父母所希望的。只有这样孩子才能真正长大成人，但是往往不是孩子做不到，而是父母做不到也适应不了。尤其是妈妈，从初生儿哺乳开始与孩子的日夜相伴已成为习惯，宁愿丧失自我，把全部心思放在对孩子无微不至的照顾上，也不能忍受一刻分离。明明孩子可以离开家去上幼儿园，妈妈却不忍心放手，引发孩子产生分离焦虑；明明孩子可以自己上学，妈妈却每天接送并为孩子背着书包；孩子

要写作业，妈妈却在一旁陪着，不时递上一杯牛奶或者已经切好的一块儿水果；明明孩子可以离开父母单独住在学校，妈妈却依依不舍，不打电话问候或送点饭菜就放心不下；明明孩子成家立业了，妈妈却还是念念不忘，介入孩子新的家庭生活，甚至引发家庭矛盾。这些都属于亲密过度，不仅限制了孩子独立性和自主性的发展，也因为缺乏相互间的尊重和信任，而引起孩子的不满甚至反抗。要知道，孩子首先是一只有独立人格的“刺猬”，太亲密了不仅不温暖和安全，反而会伤了双方。因此，父母一定要学会放手，鼓励孩子生活独立，学会独立思考、独立解决问题，形成独立人格，这才是亲子间蕴含着真爱的亲密关系。

2. 亲密也要讲究适度和平衡

一个和谐的核心家庭关系，由夫妻关系、父子关系、母子关系组成一个稳定的三角形。这是一种既亲密又独立的关系，孩子和父母一起享受生活，又有自己独立的空间。如果其中有一种关系过度亲密，这个家庭的三角形系统就会失衡。比如，母子关系过于亲密会导致父子关系疏远，夫妻关系和孩子的成长都会有问题。儿子容易成为一个有恋母情结、依赖性强的“妈宝男”，当这个“妈宝男”成年以后，面对两性关系时也会迷茫，没有办法做一个合格的丈夫或父亲，因为他缺乏其他家庭关系的亲密熏陶，不知道一个合格的丈夫和父亲是什么样子的。同样，如果父女关系过度亲密，女儿容易出现“恋父”行为。因此，父母要正确处理亲子之间这种特殊的依恋心理和亲密感，把握刺猬效应（靠近是为了温暖彼此，远离是为了安全对方）的距离法则，也要平衡亲子之间和夫妻之间的亲密关系，保证家庭人际关系的稳定与和谐发展。

3. 随孩子成长不断调整亲子关系的亲密度

孩子是一个不断发展的个体，亲子关系的亲密程度应该随着其年龄的增长而变化发展，在不同阶段有不同的侧重点，保持不一样的距离，才能既温暖彼此，又安全对方。

孩子出生后到1周岁为婴儿期，是建立亲密关系最重要的时期。父母是孩子的重要他人，在养育孩子的过程中，不仅需要对孩子的生理需求给予及时的关注和回应，还要给予触觉、视觉、听觉等接触性的关怀，帮助孩子形成安全感。经常从父母那里得到爱抚的孩子，长大后往往性情比较温和、友爱。相反，如果婴儿缺少与父母的亲密接触，可能导致性情粗暴、智力低下。这个时期父母要做孩子贴心的保护者。

从1岁开始，幼儿学会了行走，扩大了生活范围，提高了活动能力，能初步理解和运用最简单的言语。2～3岁时，孩子自我意识开始显现，他们喜欢自己动手，对一切新鲜的东西都想去亲自尝试，这是第一个叛逆期，也是他们人格开始独立的一个雏形。父母既要与孩子继续保持亲密的关系，也要开始学会稍微放手，让孩子学着自己吃饭、穿衣，与同龄伙伴一起玩。这不仅能促使孩子言语发展和身体协调，也能使孩子的交际能力和心理活动向着新的水平提升。心理学家弗洛伊德认为，3～6岁是一个动荡不安的时期，男孩的恋母情结和女孩的恋父情结表现相当普遍，需要适当的引导。父母应该创造条件，鼓励孩子与同龄人交往，建立良好的同伴关系，有利于他们形成自尊自信、活泼开朗的性格，促进其社会化及心智的发展，也有效预防与父母过度亲密。这一时期父母要做孩子的玩伴，让孩子在玩中学，在玩中建立生活规则，丰富生活经验，学习人际交往技能，促进智力发展。

学龄期，老师开始成为孩子心中重要的人，很多父母发现孩子把老师的话当圣旨，对自己的话却置若罔闻，亲密关系与父母的权威开始逐步降低。即使父母还不能明显地感觉到，也应该主动调整养育方式，不包办代替，不过度亲昵，帮助孩子顺利融入学校的学习和生活，树立学习目标，养成良好的习惯，坚持独立思考，学会正确评价自我，通过踏实的努力获得成就感。这一时期父母要做孩子全面发展的引导者和促进者，健全孩子的人格。

青少年阶段，父母对孩子的影响力大大减弱，很多孩子会疏远父母而亲近同伴，他们一起学习、玩乐、分享和倾诉秘密，这些变化表明孩子的重要他人已经转向同伴。这个阶段是人生发展的第二个反抗期，也是心理“断乳”的关键阶段，孩子希望在生活和心理上摆脱对父母的依赖，有自己独

立自主的决定权。如果孩子的自主需求被忽视或受到阻碍，会引发不满和叛逆，亲密关系自然也就降到谷底。父母应该明白孩子叛逆背后的积极意义，以朋友的身份与孩子交往，理解和尊重孩子，给孩子一定的独立空间，把握好亲子距离，努力做孩子的知心朋友，帮助孩子平稳度过叛逆期。

育儿行动

父母是决定孩子健康成长的以血缘为纽带的重要他人。他人意味着孩子具有独立人格，重要和血缘说明亲子间天然的、不可替代的亲密性。请积极运用刺猬效应，填写下表，与孩子建立亲密关系。

成长阶段	独立性需要	亲密性需要	重要他人的角色定位
0～1岁			
1～6岁			
6～12岁			
12～18岁			

· 50 ·

手表效应：教育孩子不能有双重标准

森林里生活着一群猴子，每天日出觅食玩耍，日落回去休息，过得平淡而幸福。有一天，猴子猛可在森林里捡到了一只手表，聪明的它很快就搞清了手表的用途，掌握了时间。每只猴子都来询问时间，猛可逐渐建立起威望，当上了猴王。它认为手表给自己带来了好运，就在森林里寻找其他手表，于是又拥有了第二块、第三块手表。没想到的是，几块手表上的时间都不一样，猛可不知道该说哪一个时间，再也无法准确回答猴子的问题。猛可的威望下降，最终也失去了猴王的位置。这就是著名的手表定律：只有一块手表，可以知道时间；拥有两块或两块以上的手表反而会产生混乱，让看表的人失去对时间的准确判断。其深层次的含义是：一个团体或个人不能有两套以上的行为准则或价值体系，否则将无所适从，混乱不堪。

效应启迪

战国时期思想家韩非子说："夫妻持政，子无适从。"这句话很好地阐述了手表效应。一个家庭如果出现不同的教育观念，存在双重甚至多重教育标准，就好像猴子猛可拥有几块手表一样，反而不知所措。如果夫妻两人意见不统一、坚持己见，孩子就不知道该听谁的。爸爸要严管，妈妈却袒护；父母要严管，爷爷奶奶却娇惯。教育观念的不一致，不但削弱了教育效果，还会产生负面影响。比如，孩子想要买糖吃，妈妈说：“不行，家里还有很多糖果。”爸爸却说：“喜欢吃就买。”父母意见相左就会出现管理的真空，而很多孩子又善于钻空子，择其“利己”者而从之，妈妈不愿意买，就私下找爸爸去买，或者找爷爷、奶奶去买，妈妈的管理不仅起不到应有的作用，在孩子心目中的威信也会受损。长此以往，会造就孩子左右逢源、阳奉阴违的个性，在严格的家长面前乖乖听话，在宽容和善的家长面前却放纵任性。反之亦然，假如爸爸在教育孩子时，妈妈总是袒护，甚至对孩子说“别听你爸的”，这样不仅教育徒劳无功，也降低了爸爸的威信。

很多父母认同严父慈母的教育模式，以为在家里就是要有一个人唱红脸，一个人唱白脸，才能达到教育的效果。于是演变成爸爸总是板着脸，妈妈总是宠溺孩子。事实上，这是错误地理解了“严”和“慈”的内涵以及它们相互的关系。严父慈母是指父母根据各自的性别特点，分别承担不同的角色任务，做到相辅相成；而不是指在教育孩子的问题上分庭抗礼，坚持不同的态度，给孩子不同的意见。更何况，夫妻如果观念不一致，容易发生争吵或冷战，家庭气氛就会变得紧张，使孩子产生焦虑和不安全感，甚至会有负罪感，认为是自己的问题才导致父母发生争执，从而陷入自责和自我怀疑，性格会逐渐变得谨小慎微。因此，一个家庭的教育者尤其是父母，应该使用同一块“手表”，保持教育的一致性，才能创设和谐的家庭教育环境。

1. 尊重伴侣，改进夫妻关系

如果夫妻之间经常互相拆台、唱反调、互不相让，说明两人的关系是存在问题的，或者相处模式不是很恰当，缺少了信任、默契、理解和尊重，没有顾及对孩子可能产生的影响。和睦的夫妻虽然在教育问题上也会有分歧，但是不会上升到互相指责和对立的地步，不会出现明显的双重标准，对孩子的影响不会太大。因此，夫妻关系的好坏会直接影响孩子教育问题的一致性统一意见。反过来，如果夫妻之间经常因为孩子的教育问题发生冲突，又会使两人的关系雪上加霜。

良好的夫妻关系是家庭教育的基石。所以，父母首先要冷静地思考一下夫妻感情是否出现问题，如果有，要积极地和对方沟通并改善关系，避免矛盾激化，一发不可收拾。夫妻之间要相互理解与尊重，即使出现争执，也要尊重自己的伴侣，努力去理解对方，不恶语相向，把注意力放在如何解决问题上，不要让家庭出现两个“中心”、两套“标准”，和谐统一才能让孩子感受到家庭的温暖和幸福。

2. 实现家庭教育一致性可以分三步走

第一步，提前沟通，减少冲突。在教育孩子的问题上，多加思考，提前与爱人沟通协商好，就可以避免很多冲突。如果你确信自己的教育理念是正确的，那就应该积极沟通，告诉爱人你计划采取什么教育方式，想实现什么样的目标或效果。只要你的态度诚恳，目标明确，考虑细致，并且满怀信心，对方就不会给你泼冷水，至少不会坚决阻拦你。当取得良好的教育效果时，也会得到爱人更多的认可和支持，两人的方向就容易一致。

第二步，当孩子在场时，避免正面冲突。夫妻之间或多或少都会有一些摩擦，但是尽量避开孩子，不要当着孩子的面发生冲突，影响家庭氛围，让孩子担心害怕。即使对方教育孩子的方法失当，也不要立刻指责对方。指责并不能使人心悦诚服。特别是当孩子也在场时，指责会让对方感觉尊严和权威受损，从而奋起反抗，就出现了互相攻击的场面。因此，父母双方要学会控制情绪，减少正面冲突，从而减少对孩子的负面影响。

第三步，事后寻找适当的机会，提出建议。避免正面冲突，不是撒手不管，而是在事后寻找适当的时机，和对方心平气和地沟通，表达建议或想法。比如，妈妈强迫幼儿园的孩子学写字，尽管爸爸不赞同，也不要当场指

出。在妻子心情好的时候，爸爸可以用商量的语气和她一起探讨："我们希望孩子能够健康成长，在这个阶段我们教育的重点是什么？""强迫孩子学写字的积极意义有哪些？消极影响又有哪些？"经过耐心引导，一起学习，反复磨合，两人的教育理念和方法也会逐步趋向一致。

3. 学会求同存异

夫妻之间成长经历、价值观念、知识水平等方面都有差异，因此在某些观念上产生分歧是在所难免的。为了减少分歧，夫妻双方应该经常沟通，甚至在孩子出生前就可以思考和交流一些问题，比如，培养什么样的孩子？创设怎样的家庭环境？谁主要承担孩子的教育责任？秉持求同存异的原则，可以在教育角色分工和行为方式上有所不同，但是在原则性的问题上要立场一致。比如，孩子成才有什么标准，孩子应该养成哪些好的习惯，采用什么样的教育方法是最好的，等等，夫妻在这些问题上要达成共识，在家庭教育上保持大方向的一致性，才能保证孩子成长在正确的轨道上。

此外，如果祖辈参与照顾孩子，父母应在尊重的前提下与祖辈沟通好，尽量让他们的行为和家庭教育理念相一致。祖辈疼爱孙辈本无可厚非，但如果过于宠爱、袒护、包庇，甚至干涉父母对孩子的教育，导致家庭出现多重标准，多个"中心"，则不利于孩子的健康成长。父母要及时与祖辈沟通，让他们退居二线，学会当"甩手掌柜"。

总之，在一个家庭里最好只有一块"手表"，每个教育者都要遵循统一的标准来抚养和教育孩子，形成一个教育"中心"，才能形成一股合力，把孩子培养得更优秀。

育儿行动

夫妻双方进行一次深入的交流，加深理解和信任，然后在教育孩子的问题上约法三章，如果家里有老人，也要妥善沟通。约法三章的内容可根据自己的实际情况灵活制定。请参照下面的做法制定自己家庭的教育规则、“手表”。

第一，在孩子面前意见不一致时，以第一个说的人为准，大家都不反对，事后可以再沟通。

第二，综合两人的教育观念，形成详细的、可操作的规则，如每天晚上必须10点钟睡觉；不能吃垃圾零食，一个月偶尔吃一两次也是可以的；一天玩游戏时间不能超过两次，每次不超过30分钟……